연애, 심리학에 길을 묻다

연애, 심리학에 길을 묻다

초판 1쇄 발행 | 2012년 11월 19일

지은이 | 이 선
발행처 | 이너북
발행인 | 김청환

책임편집 | 이선이
편 집 | 김지혜

등록번호 | 제 313-2004-000100호
등록일자 | 2004. 4. 26.

주소 | 서울시 마포구 염리동 8-42 이화빌딩 601호
전화 | 02-323-9477, 팩스 02-323-2074
이메일 | innerbook@naver.com

ISBN 978-89-91486-65-2   13320

ⓒ 이 선, 2012

http://blog.naver.com/innerbook

- 이 책은 이너북이 저작권자와의 계약에 따라 발행한 것이므로
  본사의 서면 허락 없이는 어떠한 형태나 수단으로도
  이 책의 내용을 이용할 수 없습니다.

- 책값은 뒤표지에 있습니다.
- 잘못된 책은 구입하신 서점에서 바꿔 드립니다.

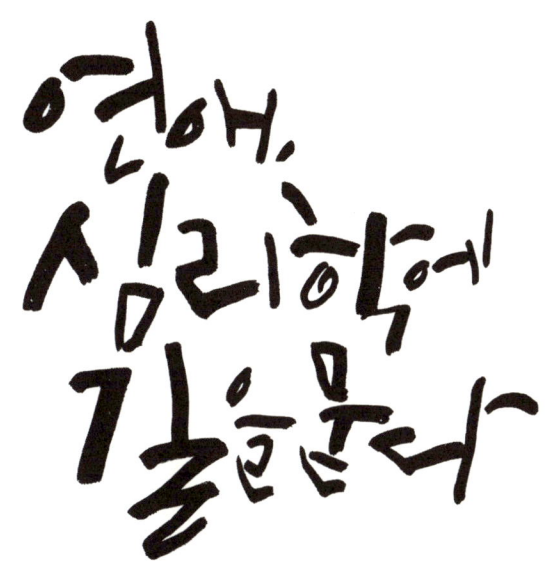

이 선 지음

이너북

| 프롤로그 |

　우리가 심리학을 배우는 가장 큰 이유는 상대방의 마음을 읽기 위해서다. 이 책을 쓴 목적도 상대방이 무엇을 좋아하고 싫어하는지를 그리고 그 사람의 매력이 무엇인지를 좀 더 알고자 하는 데 있다. 나아가 남자와 여자의 심리 상태, 남녀가 연인으로 발전해 나가는 방법 그리고 부부 사이의 관계에 대해서도 정리해 보았다.
　연애에 논리가 있냐고 물을 수도 있다. 이는 심리학에 대해 잘 모르기 때문이다. 아는 사람이 많지 않지만 연애에도 분명 논리가 있다. 한창 연애 중인 두 남녀는 그들만의 사랑에 취해 있는 것처럼 보인다. 하지만 자세히 들여다보면 그들도 보이지 않는 심리학적인 논리를 따르고 있음을 알 수 있다.
　사람은 세상에 태어나면서부터 경쟁을 하면서 살아간다. '사람은 겉보다 속이 중요하다.' 라는 말을 종종 하기도 하지만 사람은 타인의 외모를 보는 순간부터 그 사람의 성격을 이미지화하여 좋은 점과 싫은 점을 발견하고 그 사람을 결정지으려고 하는 것이다.
　공동체를 형성하면서 '우리 만남은 운명이야.' 라고 생각하고 싶겠지만, 그것은 서로의 바람이 운 좋게도 딱 들어맞은 것일 뿐이다. 그렇기 때문에 남녀가 쉽게 사랑에 빠지기도 하고 어떨 때는 아무 이유도 모른 채 서로 멀어지기도 한다. 누군가를 좋아하거나 싫어하는 감정, 특히 연애 관계에는 '환상'이 크게 작용한다. 단순한 착각으로 상대방을 좋아한다고 믿거나 정보가 부족한 부분은 자신이 원하는 대로 채워 놓는다. 상대를 필요 이상으로 미화하여 자신의 틀에 맞추어 나가기 때문에 그 상대가 나를 좋아한다는 착각 속에 빠지는 것이다.

연애를 할 때 사람들은 자신이 소극적이면 적극적인 상대를, 자신이 약간 신경질적인 성격이면 대범한 상대를 좋아한다. 정반대의 경향을 지닌 사람을 좋아하면서 서로의 관계에 맞춰 가는 것을 지향하는 것이다. 단 하나의 절대적이고 운명적인 연애 상대가 있을 리 만무하지만 선택 가능한 범위에서 최선의 상대와 좋은 관계를 엮어 나갈 수 있다면, 그 자체가 좋은 것이다. 이처럼 연애를 '해설'하는 일은 죄를 짓는 행위일지도 모른다. 그러나 연애에 환상을 갖는 것이야말로 인간다운 점이다. 이러한 사실을 알고 있는 사람이 연애의 고수이자,

매일매일 즐겁고 활기차게 살아가는 사람이라고 해도 좋을 것이다.

　사람은 환경에 따라 여러 가지 자극에 대하여 반응하고 행동한다. 그중에서 의식적으로 표출되는 것들을 이해하고 나면 상대방의 마음도 읽을 수 있게 된다. 상대방의 속마음을 알면 그만큼 대처하기가 쉬운 법이다. 세상은 사람이 움직인다. 사람의 마음을 알고 얻고 잡는 것이 곧 세상을 잡는 것이다. 요즈음은 인간관계에 서투르다는 핑계를 대며 복잡한 대인관계를 피하려는 사람이 많은 것 같다. 타인에게 무관심과 무감동으로 일관하는 사람이 늘어나는 환경에서는 혹시 내가 '손해를 보고 있는 것은 아닐까.'라는 생각을 늘 하게 된다. 이 책은 사소한 문제로 인간관계가 깨지는 상황에 슬기롭게 대처해 나가는 방법과 적극적인 대인관계 그리고 타인에게 호감을 살 수 있는 방법에 관해 설명하였다. 또한 좋은 연애와 부부 사이의 '좋아하는 감정'과 '싫어하는 감정'을 서술하였다.

　사람이 사람을 떠나서 살 수 없다. 그러나 사람과의 사이에서 때때로 외로움이나 불안감에 사로잡히는 것도 사실이다. 이때 우리 모두에게 이 심리학은 그 길을 비추는 등대가 되어 줄 것이다. 좋은 친구이자 조그마한 등불로서 이 책은 지금 사람과의 사이에서 갈등하는 이들에게 도움이 되고자 한다. 사랑은 매일 매일 고민을 해봐도 완전히 풀리지 않는 것 같은 숙제이지만, 이 책이 조금이나마 여러분 가슴을 녹여줄 수 있는 작은 선물이 되었으면 좋겠다.

- 이 선

Contents

프롤로그 · 4

PART I
연애, 탐색이 중요하다

01 '좋다', 싫다의 감정 · 16
02 가슴이 설레는 것은 사랑의 신호 · 18
03 상대방의 마음을 꿰뚫는 안목 · 20
04 호감을 주는 기본자세 · 22
05 SVR이론 · 24
06 오프너 같은 친구 되기 · 26
07 좋은 인상을 갖는 비결 · 28
08 나쁜 이상을 주는 이유 · 30
09 첫인상이 나빠도 연인이 될 수 있을까 · 32
10 호의를 전달하는 방법 · 34
11 '다시 보고 싶다'는 메시지를 전하는 방법 · 36
12 '호감도'와 다시 '보고 싶다'의 차이점 · 38
13 상대방의 기분을 아는 방법 · 40
14 남성과 여성의 행동과 태도 · 42
15 마음을 알아채는 방법 · 44
16 첫눈에 반하는 순간의 심리 상태 · 46
17 성격은 행동으로 나타난다 · 48
18 인기가 있는 사람과 없는 사람의 차이 · 51
19 사람을 판단하는 기준 · 53
20 셀프 모니터링 · 55
21 성격이 잘 맞는 사람은 어떻게 찾을까? · 57
22 누구와도 잘 어울리는 사람 · 59
23 연애 잘하는 사람 · 61
24 나부터 인식하기 · 64
25 진실한 사랑을 어떻게 찾을 수 있을까 · 67

PART Ⅱ ⟶
연애는 실전이다

01 LOVE와 LIKE의 차이 · 70
02 사랑의 종류 · 72
03 만남이 잦을수록 쌓이는 친밀감 · 74
04 지나치면 반발심을 유도한다 · 76
05 친밀감을 높이는 방법 · 78
06 상대방의 숨겨진 마음의 갑옷 · 80
07 간절히 바라면 그대로 이루어진다 · 83
08 만남을 오래 지속시키는 요령(tip) · 86
09 특별한 말로 가까워지기 · 88
10 친밀감을 느끼도록 하기 · 90
11 작은 감동을 소중히 여기기 · 92
12 친구에게 사랑을 느끼는 심리 상태 · 94
13 표정에 마음 읽기 · 96
14 말에서 마음 읽기 · 99
15 연인들은 닮았다? · 102
16 로미오와 줄리엣 효과 · 104
17 이상형과 다른 스타일을 만나는 이유 · 106

PART III

연애, 기술이 필요하다

01 연애의 지속성은 무엇으로 결정될까 · 109
02 연애감정이 식는 이유 · 111
03 연애 감정을 일으키는 방법 · 113
04 연애고수와 연애하수의 차이 · 115
05 연애를 못하는 사람의 콤플렉스 · 117
06 못하게 말리면 더 하고 싶어진다 · 119
07 질투에 대처하는 자세 · 121
08 상호의존하는 심리 · 123
09 연인이 이별하는 이유 · 125
10 인지적 불협화 · 127
11 잘 헤어지는 방법 · 129
12 차인 충격에서 벗어나는 방법 · 131
13 연인들의 결혼에 관한 심리 · 133
14 결혼 연령이 점점 높아지는 이유 · 135
15 결혼에 실패하지 않기 위한 조건 · 137

PART IV

연애, 심리학에 길을 묻다

01 자기 자신을 좋아하게 되거나 싫어하게 되는 때 · 140
02 인생의 집행유예는 언제까지나 계속될 수 있는 게 아니다 · 142
03 환경에 의해 감정이 생기는 것이 가능할까? · 144
04 사람을 잘 사귀는 사람과 못 사귀는 사람의 차이 · 146
05 짝사랑은 과연 슬프기만 할까 · 148
06 '스토커'의 심리상태는 어떨까? · 150
07 모르는 사람과 연애가 가능할까? · 152
08 소꿉친구가 이성으로 다가올 수 있을까 · 154
09 동성애자의 심리 · 156
10 만족하기 위하여 더욱 노력한다 · 158
11 사랑에도 노력이 필요한 법 · 162
12 사랑과 미움은 종이 한 장 차이 · 164
13 왜 다른 사람과 어울리지 못하는가 · 166
14 남자다움과 여자다움은 변한다 · 168
15 남 · 여의 행동 패턴 · 170
16 남성끼리 여행이나 식사를 하러 나가지 않는 이유 · 172
17 사랑하는 사람의 마음을 사로잡는 법 · 174
18 여성보다 남성이 섹스에 관심이 높은 이유 · 177
19 여성전용 유흥업소가 적은 이유 · 179
20 사랑 없는 섹스는 가능한가? · 181
21 가까운 사람에게 성폭력을 당하는 이유 · 183
22 섹스 의존증이란 · 185
23 왜 다시 시작하려고 하는가? · 187
24 바람은 왜 피우는가 · 189

25 부부가 '섹스리스(sexless)가 되는 이유 · 191
26 연인이었을 때와 부부가 되고 난 후의 섹스 · 193
27 미혼 · 기혼 여성이 바람을 피는 심리 · 195
28 섹스로 시작되는 연애는 성립되는가? · 197
29 음식과 섹스의 관계 · 199
30 여성도 가벼운 만남을 원한다 · 201
31 남성과 여성의 '기분 좋은 섹스'의 차이 · 203

PART V ⟶

가족, 친구, 동료와 연애하기

01 '마음이 맞는다고 여기는 심리 상태 · 206
02 생리적으로 싫은 사람과 친해지는 방법 · 208
03 사소한 말 한마디로 오해를 사는 경우 · 210
04 사람들과 부딪쳐 생기는 스트레스 해소법 · 212
05 아버지를 존중하지 않는 자녀 · 214
06 엄마와 딸이 사이가 좋은 이유 · 216
07 형제자매는 '동지'가 될 수도, '라이벌'이 될 수도 있다 · 218
08 부부사이의 사랑은 변할까 · 220
09 고부간의 적대관계는 어떤 심리의 매커니즘인가 · 222
10 열 손가락 깨물어서 더 아픈 손가락 있다 · 224
11 부모가 아이를 학대하는 심리 상태 · 226
12 가정폭력을 일으키는 심리 상태 · 228
13 폭군 남편 집에서 고부간의 갈등은 없다 · 230
14 친구끼리 우정이 깨지는 이유 · 233
15 직장에서 자연스럽게 그룹이 만들어지는 이유 · 235
16 그룹에서 인기가 많은 사람은 어떤 타입일까 · 237
17 리더의 역할 · 239

18 직장 내에서 좋거나 싫어하는 마음이 생길 때 · 241
19 후배들과 잘 지내는 방법 · 243
20 직장 상사나 연장자와 잘 지내는 방법 · 245
21 직장에서 싫어하는 상사와 잘 지내는 방법 · 247
22 직장에서 싫어하는 후배와 잘 지내는 방법 · 249
23 두려운 문제에서 벗어나는 것은 의외로 쉽다 · 251
24 상대방에게 부탁하는 방법 · 253

에필로그 · 255

마음에 품은 감정이 아무리 크다 해도 입 밖으로 꺼내어
말하기 전까지는 어떠한 힘도 갖지 못합니다.

PART I

연애, 탐색이 중요하다

'연애'는 누구도 '피하기 싫은' 치명적인 유혹이다. 이 유혹의 늪은 아주 깊어서 한 번 빠지면 헤어 나오기가 쉽지 않다. 또한 이 늪은 천국이 될 수도, 지옥이 될 수도 있다. 사랑에는 조건이 없다고 말하지만 연애를 잘하기 위해서는 조건이 있다. 연애의 달인까지는 아니어도 연애를 즐기는 사람이 되기 위해서 필요한 것은 무엇일까.

01 ❀ '좋다', '싫다'의 감정

　심리학자들에 따르면, '좋다' 와 '싫다' 라고 하는 인간의 영원한 테마인 감정도 아래의 두 가지로 대표되는 간략한 이론으로 설명이 가능하다.

　첫 번째는 강화이론이다. 어떤 사람을 좋아하게 되는 것은 그 사람이 나에게 무엇인가 득이 되는 것을 주었기 때문이고, 싫어지는 것은 그 사람이 나에게 해가 되는 것을 주었기 때문이다.

　자신과 닮은 사람을 좋아하게 되는 것은 상대방이 좋은지 싫은지 물어야 하는 수고나, 시간 낭비를 피할 수 있기 때문이다. 이는 단순히 물욕과 관계된 이야기만은 아니다. 무엇이 이득이 될 것인가는 인간의 내면적인 요인에 의해 결정된다.

　연애 중인 여성이라면 '내가 갖고 싶은 것을 잘 사주는 사람?', 결혼한 남성이라면 '저녁을 준비하고 빨래를 해 주는 사람' 과 같이 상당히 직접적인 이득을 얻고 있다고 할 수 있다. 물론 '내 자존심을 세워 주었다' '나도 몰랐던 재능을 일깨워 주었다' 등, 이러한 인간적인 이득을 얻게 해 줄 때도 사람들은 그 사람을 좋아하게 된다.

두 번째는 인지적 재합성 이론이다. 사람은 머릿속에 떠오른 생각들에 대하여 각각의 이치가 들어맞기를 바란다. 자신이 좋아하는 것은 똑같이 좋아하는 상대에게 호감을 갖게 되면 머릿속에서 문제없이 받아들인다.

예를 들면 내가 무엇인가를 재미있어 하고 상대방도 그것을 재미있다고 생각하는 경우, 내가 상대방을 좋아한다는 사실을 선뜻 받아들이게 된다.

그러나 내가 재미있다고 생각하고 있는데, 상대방은 나와 반대의 태도를 보였다면 내가 상대방을 좋아하는 것에 관하여 모순을 느낀다. 그래서 상대방을 싫어하게 되었다고 결론짓는 것이다.

자신과 닮은 사람을 좋아하게 되는 것은 상대방이 좋은지 싫은지 물어야 하는 수고나, 시간 낭비를 피할 수 있기 때문이다. 이는 단순히 물욕과 관계된 이야기만은 아니다. 무엇이 이득이 될 것인가는 인간의 내면적인 요인에 의해 결정된다.

02 가슴이 설레는 것은 사랑의 신호

누구든 자신이 좋아하는 사람을 대하면 가슴이 두근거리고 생리적으로 흥분하게 된다. 그런데 이처럼 심장이 뛰는 상태는 우리가 스포츠를 구경할 때 느끼는 흥분과 동일한 것이다.

샤크터는 이러한 상태를 '인지·생리가설'이라고 이름 붙였다. 그는 스포츠를 구경하고 난 후 이성을 대했을 때 가슴이 두근거리면서 설레는 것은 눈앞의 여성이 좋아서가 아니라 스포츠로 인해 한껏 흥분되어 있기 때문일 수도 있다고 주장한다.

이러한 가설은 테튼과 아론의 실험에서도 입증되고 있다. 이 실험은 캐나다의 어느 교회에 있는 계곡에서 두 팀으로 나누어 이루어졌다. 남성들로 구성된 첫 번째 그룹에게는 깊은 계곡 공중에 가설되어 있는 위험한 다리 건너편에 여성을 서 있게 한 다음, 그 다리를 건너가서 여성으로부터 연락처를 건네받게 했다. 두 번째 그룹의 남성들은 튼튼하게 만들어진 평지의 다리 위를 건너서 여성을 만난 다음 역시 연락처를 받도록 했다. 이 실험의 목적은 어느 쪽의 남성들이 여성에게 더 관심을 갖고 전화를 걸어오는지 알아보는 것이었다.

그 결과 공중에 걸려 있는 다리를 건넌 남성의 절반 정도가 여성에게 전화를 건 데 비해 튼튼하게 만든 평지의 다리 위를 건너온 남성은 불과 12% 정도만이 전화를 걸었다고 한다.

이 실험을 통해서 알 수 있는 것은 가슴이 두려움을 느끼게 해 준 이성에게서 확실히 매력을 느끼기 쉽다는 것이다. 즉, 위험 때문에 가슴이 뛰는 것인지 연애 감정 때문에 가슴이 뛰는 것인지 심장 입장에서는 똑같이 받아들이는 것이다.

사람들은 흔히 무엇인가를 고백할 때 이상하게도 가슴이 두근거리는 것을 의식하게 된다. 그런데 바로 이것이 의욕을 일으키는 계기가 된다고 한다. 스포츠뿐 아니라 공상과학 영화를 보는 등 사람들이 생리적으로 흥분 상태에 이르는 요소는 얼마든지 있다. 이와 같은 흥분 상태에서는 비교적 연애 감정이 무르익기 쉽기 때문에 이러한 심리를 이용해 좋아하는 이성이 당신에게 호감을 갖도록 만들 수 있다.

사람들은 흔히 무엇인가를 고백할 때 이상하게도 가슴이 두근거리는 것을 의식하게 된다. 그런데 바로 이것이 의욕을 일으키는 계기가 된다고 한다.

03 상대방의 마음을 꿰뚫는 안목

　같은 직장에 다니면서도 서로가 반목하는 사람들을 우리는 흔히 볼 수 있다. 일종의 유대관계가 공동생활의 필요조건인데, 이렇게 되어서는 일의 능률면에서도 상당한 영향을 끼치게 되고, 나아가서는 그들 자신의 미래도 어두워지게 마련이다.

　이렇게 반복하는 가장 큰 원인은 서로가 상대방의 마음을 잘못 읽기 때문이다. 특히 매일 얼굴을 마주 대하는 직장동료임에도 상대방의 의도를 잘못 해석할 경우 이런 일이 생기게 되는 것이다.

　우리는 누구나 상사, 연장자, 선배 등에 대하여 어렵고 거북한 상대라는 의식을 가지고 있다. 이것은 가족 중심의 문화적 전통을 현실의 조직 내부에까지 끌어들이고 있는 것과 깊은 관계가 있기 때문이다. 동양인들은 가장(아버지), 상사, 연장자, 선배 등에 대하여 존경하고 동경하는 마음과 함께, 그들의 권위에서 나오는 위압감과 공포감 비슷한 것들을 가지고 있다. 이러한 위압감, 공포감, 또는 자신을 제어할지도 모른다는 불안감에서 벗어나기 위하여 우리는 흔히 비위를 맞추고, 되도록 웃는 얼굴로 대하며 웬만하면 마주치지 않으려고도 한다.

그리고 상사는 자신의 기분을 살피는 듯한 부하들의 태도에 대하여 그다지 싫지 않은 마음을 가지게 된다. 따라서 상사는 부하의 이러한 행동을 자신의 권위나 위대함을 인정받는 것으로 착각하는 것이다.

그러나 이와 같은 상사의 대부분은 권위를 휘둘러 억압감이나 공포감을 일으키게 한 자신들에 대하여 부하가 가슴속 깊숙이 미움과 분노의 감정을 품고 있다는 사실을 전혀 깨닫지 못하는 경우가 많다. 확실히, 상사는 부하의 장래를 결정할 수 있다. 이렇듯 상하의 대인관계에서 우위를 점하고 있는 것이 상사이다. 그런 만큼 부하는 상사에 대하여 더욱더 조심스러워진다.

그러나 이와 같은 상사도 한 직장을 구성하는 구성원인 이상 원만한 인간관계를 유지해야만 하는 존재이다. 따라서 아랫사람들은 상사로부터 받는 억압감이나 공포감 등이 자신들의 편견일지도 모른다는 사실을 깨달아야 할 것이다. 그들도 상사이기 전에 본시 하나의 인간인 것이다. 이점을 마음속에 새겨두는 것이 무엇보다 중요하다.

아랫사람들이 상상하고 있는 것 이상으로 윗자리에 앉은 상사는 고독한 존재이다. 그들은 자기의 기분을 진정으로 이해해 주는 부하가 없다고 생각하는 경우가 많다. 따라서 그들의 마음을 정확하게 꿰뚫어 보고 이해하고자 노력하는 것이 상사에게 좋은 인상을 주는 지름길인 것이다.

04 호감을 주는 기본자세

　우선 표정을 풍부하게 하여 감정을 표현한다. 겉으로 감정을 표현하면 무엇을 어떻게 생각하고 느끼고 있는지를 상대방이 쉽게 알아챌 수 있다. 그러면 상대방은 쓸데없는 걱정을 할 필요가 없어진다. 알 수 없는 당신의 생각에 전전긍긍할 일도 없게 된다. 그는 당신과의 만남에서 심리적인 부담감을 느끼지 않기 때문에 편하게 다가오게 된다. 반대로 무엇을 생각하고 있는지 도통 모를 얼굴을 하고 있으면 상대방은 당신의 기색을 살피게 되며, 당신을 까다로운 사람으로 여기게 된다.

　풍부한 표정을 연출하는 데는 웃는 얼굴이 가장 효과적이다. 입술 꼬리를 올리는 듯이 웃으면 밝은 인상을 줄 수 있다. 또한 반짝이는 눈동자도 중요하다. 호기심이 넘치는 눈, 상대방의 눈을 똑바로 쳐다보는 '힘(시력)'을 가진 눈동자는 평상시의 의식적인 움직임과 눈 주위의 근육 단련을 통해 만들 수 있다. 그리고 상대방의 이야기를 잘 들어주는 것도 중요하다.

"맞아, 맞아. 그래서 …?" 하며 장단을 맞춰주면, 상대방은 대화가 즐거워지고, 마음을 터놓을 수 있는 상대로 당신을 인정하게 된다. 매력이라는 면에서 자세나 걸음걸이, 복장이나 화장에도 신경을 쓰도록 하자. 등을 곧게 펴고 또박또박 걷는 사람은 연령에 관계없이 매력적으로 보인다. 예쁘게 치장한 모습으로 잘 보이고 싶다는 마음을 효과적으로 전달할 수 있다. 즉, 대인관계를 원활하게 만드는 중요한 매개체인 것이다. 누군가와의 인간관계를 진전시키기 위해 멋을 부리는 것은 여성뿐 아니라 남성에게도 효과적인 방법이다. 의식적으로 미소를 짓거나 멋을 내더라도 상당한 효과를 볼 수 있겠지만, 의식하지 않고 자연스럽게 표현할 수 있게 되면, 상대방에게 호감을 주기 위한 기본자세를 마스터했다고 볼 수 있다.

예쁘게 치장한 모습으로 잘 보이고 싶다는 마음을 효과적으로 전달할 수 있다. 즉, 대인관계를 원활하게 만드는 중요한 매개체인 것이다.

05 SVR 이론

    누군가를 좋아하게 되는 이유는 상대방과의 관계가 얼마나 진행되었느냐에 따라 달라진다. 이와 관련하여 'SVR 이론'을 소개한다.
    S는 Stimuius(자극), V는 Value(가치), R은 Role(역할)이다.

- S(자극) → 아직 서로를 잘 알지 못할 때에는 상대방의 외모로부터 많은 자극을 받게 된다(쉽게 말해서 첫눈에 반했다고 한다).
- V(가치) → 사물에 대한 사고방식이나 취미, 가치관 등이 비슷한 사람끼리 끌리게 된다(친한 친구끼리는 비슷한 부분이 많다). 이런 경우 평소에 이상형으로 생각했던 얼굴이나 몸매는 중요하지 않게 된다.
- R(역할) → 두 사람이 함께 무엇인가에 재미를 느끼면서 반하게 되는 경우이다.

처음 만났을 때는 아무래도 외모에 좌우되는 경우가 많다. '마마자국도 보조개.' 라는 속담이 있다. 처음에는 마마자국이 있는 사람도, 보조개가 있는 사람도 모두 보조개가 있는 사람을 선택하기 마련이다. 나에게 맞는 사람인지, 나와 잘 어울리는 사람인지는 전혀 상관하지 않은 상태이다.

함께 테니스를 친다든지, 콘서트를 보러 다니면서 가치관을 공유하고, 대화를 나누다보면 서로 끌릴 수 있다. 그러나 이러한 커플이 결혼한 후에도 똑같을까? 애석하게도 그렇지 못하는 경우가 대부분이다. 테니스를 계기로 사귀게 된 커플 중에 결혼해서 아이를 낳고도 계속 테니스를 치는 커플이 얼마나 될지 생각해 보면 쉽게 알 수 있다. 결혼 후에는 서로의 기대에 부응할 수 있도록 노력하고, 집안일에 잘 협조하는 사람이 가장 매력적이라고 할 수 있다.

함께 테니스를 친다든지, 콘서트를 보러 다니면서 가치관을 공유하고, 대화를 나누다보면 서로 끌릴 수 있다.

06 오프너 같은 친구 되기

　세상에는 다른 사람의 말을 잘 들어주는 사람과 그렇지 않은 사람이 있다. 일반적으로 친절한 사람보다는 스스로에게 자신이 없는 사람이 타인의 이야기를 잘 듣는다. 그러나 마음이 불안정한 사람은 방어적으로 나온다. 자신의 성질이 급한 줄도 모르고, 남 탓으로 돌리는 공격적인 사람도 설득하기 어렵다. 일 때문에 바쁜 사람이나 확실한 목적을 가지고 걸어가는 사람도 이야기를 들어줄 여유가 없을 것이다. 이미 마음속에 '첫 번째, 두 번째 … 몇 번째'라는 우선순위가 매겨져 있기 때문이다.

　마음에 여유가 있는 사람은 다른 사람에게 귀를 기울이고 그 이야기를 들어주는 경향이 있다. 수완 좋은 영업사원은 점심시간 이후에 본격적인 영업을 시작한다고 한다. 사람이 포만감에 차 있을 때 마음에 여유가 생기고 관대해지기 때문이다.

배가 고플 때는 빈 배를 채우려는 욕구가 강해서 다른 사람의 이야기를 들으려 하지 않는다. 조금 복잡한 심경을 털어놓으려고 할 때, 내 말을 잘 들어줄 친구를 찾으려면 '오프너' 타입을 선택하면 된다. 오프너란, 단단히 닫혀 있는 사람의 마음을 시원하게 뚫어 줄 수 있는 사람이다. 남의 이야기를 '잘 들어주는 사람'이 여기에 해당된다. 상대방을 편안하게 해주며, 상대방에게 관심을 보여 결과적으로 상대방으로부터 신뢰를 얻음으로써 깊은 대화를 이끌어 낼 수 있는 사람이다. 이런 사람들은 상대방과 눈을 맞추며 이야기하고, 상대방의 이야기에 부정하지 않으며, 곧잘 동의해 준다는 특징이 있다.

오프너란, 단단히 닫혀 있는 사람의 마음을 시원하게 뚫어 줄 수 있는 사람이다. 남의 이야기를 '잘 들어주는 사람'이 여기에 해당된다. 상대방을 편안하게 해주며, 상대방에게 관심을 보여 결과적으로 상대방으로부터 신뢰를 얻음으로써 깊은 대화를 이끌어 낼 수 있는 사람이다.

07 좋은 인상을 갖는 비결

첫인상은 단순히 '처음'으로만 끝나지 않는다. 왜냐하면 처음에 애써 만들어 놓은 타인에 대한 인상을 바꾸는 것은 심리적으로 상당히 부담스러운 일이기 때문이다. 그래서 나중에 인상이 바뀔 만한 새로운 정보를 접하더라도, 처음 받은 인상에 따라 스스로 편한 대로 그 정보와 사람을 해석하게 된다. 결국 첫인상은 별로 바뀌지 않게 되는 것이다. 첫인상의 결정에는 물론 외모가 많은 비중을 차지한다. 그때 중요한 포인트는 2가지이다.

첫 번째는 얼굴 생김새나 스타일, 키와 같이 그 자체의 좋고 나쁨을 문제 삼는 것이다. 이런 경우는 보통 여성보다 남성에 해당되는 경우가 많다.

두 번째는 외모를 통해서, 첫인상으로는 알 수 없는 성격이나 능력을 판단하기 위한 실마리를 찾는 것이다. 예를 들면, '얼굴이 둥근 사람은 성격이 온화하다.' 라는 판단이 여기에 해당한다. 그러나 실제로 얼굴이 둥근 사람이나 네모인 사람이나, 얼굴 형태에 상관없이 늘 웃는 얼굴이라면 업무상에서 유리한 점이 많다. 서비스업은 말할 것도 없고, 접객 업무가 전문인 스튜어디스는 훈련을 받을 때 웃는 얼굴을 만들기 위해 연습한다. 매일매일 거울을 보고 연습함으로써 자연스럽게 웃는 얼굴을 만들 수 있는 것이다.

상대방을 기분 좋게 대하면 내가 좋은 인상을 갖게 된다. 가장 간단한 방법은 상대방을 칭찬하는 것이다. 한국인은 다른 사람을 칭찬하는데 서투르지만, 칭찬은 가장 중요한 기술이다.

상대방의 장점을 발견하여 칭찬해 보라. 익숙하지 않기 때문에 칭찬을 하거나 받아도 '뭘 새삼스럽게 ….' 라고 생각해 버리기 쉽지만, 좀 더 적극적으로 칭찬해주는 습관을 들이면 좋을 것이다.

상대방을 기분 좋게 대하면 내가 좋은 인상을 갖게 된다. 가장 간단한 방법은 상대방을 칭찬하는 것이다.

08. 나쁜 인상을 주는 이유

첫인상이 나쁘면 상대방과의 사이에 벽이 생긴다. 틈이 보이지 않는 인상이나 웃는 얼굴도 그렇다고 할 수 있지만, 무표정인 얼굴을 보면서 그 사람의 내면을 예상하기는 아예 어렵다. 무뚝뚝하고 퉁명스러워 보이는 사람은 좋은 첫인상을 줄 수 없는 셈이다.

상대방에게 반응을 잘하는 사람은 절대로 나쁜 인상을 주지 않게 된다. 회식 자리에서 재미없는 이야기를 들어도 깔깔거리며 웃어주는 여성은 인기가 많다.

특히 남성은 사회적인 특성상 항상 우위에 서고 싶어 하기 때문에 반응이 좋은 상대방과 마주 하고 있으면, 자신의 기분도 좋아지고 나아가서는 상대방에 대해 좋은 인상을 갖게 된다.

여성은 남성보다 언어 능력이 뛰어나서, 자신을 비하하지 않고도 능숙하게 상대방을 칭찬할 수 있다. 화술이 뛰어나고 대화하는 것도 매우 좋아해서 그 실력이 나날이 향상된다. 이것도 일종의 훈련이다. 남성들도 말하는 것을 좀 더 즐긴다면, 사람들에게 주는 인상의 폭도 더욱 넓어질 것이다.

상대방의 기분을 좋게 해주면 나에 대한 인상이 좋아진다고 했듯이, 상대방을 기분 나쁘게 하면 나에 대한 인상이 나빠진다. 예를 들면 재미있는 영화를 보고 나서 만난 사람은 좋은 인상으로 남고, 몸이 아플 때 만난 사람에 대해선 별로 좋지 않은 인상을 갖게 된다. 그 당시의 기분이나 상태를 상대방의 이미지와 동일시하고 착각하여 인식해 버리는 것이다. 주위의 상황을 고려하여 상대방의 기분이나 컨디션을 살피는 것도 첫인상을 나쁘지 않게 하기 위한 중요한 포인트이다.

주위의 상황을 고려하여 상대방의 기분이나 컨디션을 살피는 것도 첫인상을 나쁘지 않게 하기 위한 중요한 포인트이다.

09 첫인상이 나빠도 연인이 될 수 있을까

첫인상이 좋지 않았는데도 연인 관계로 발전했다면 첫눈에 반해서 시작된 연애처럼 맹목적인 사랑은 아닐 것이다. 평소에 자주 부딪치면서 만나는 동안에 서서히 상대방의 좋은 점을 발견하고 연인 사이로 발전했으니, 친구처럼 편안한 관계일지도 모른다.

연인 관계로 발전할 것인지의 여부는 외모나 사고방식, 가치관이나 성격처럼 '저 사람은 어떤 사람인가.' 만으로 결정되는 것이 아니다. 연애는 두 사람의 관계성이라서, '나에게 어떤 사람인가.' 라는 점도 중요한 것이다.

특히 자신의 욕구를 채워 주는 사람에 대해서는 앞으로도 계속 내 곁에 있었으면 좋겠다고 생각하게 된다. 유머 감각이 좋은 남성은 여성을 즐겁게 만들어 주는 사람이라서 인기가 있다. 자라온 가정환경이 비슷한 사람은 나를 잘 이해해 주며, 위로를 잘 해주는 사람은 의 기소침해진 내게 힘을 북돋아 준다. 동료로서 전문적인 도움을 주는 사람과도 계속 잘 지내고 싶어진다. 이와 같이 자신을 만족시켜 주는 사람을 좋아하게 마련이다.

  첫인상이 좋지 않더라도, 자주 만나면서 상대방의 태도를 보거나 경험이 쌓이면서 연인 관계로 발전하는 것이다. 사랑을 받으려고 애쓰는 사람을 매정하게 대하는 것은 많은 공정한 세계관에 반하는 일이다. 노력은 반드시 보상받는다는 세계관 하에서는 나를 좋아해 주는 사람을 나도 좋아해 주는 게 공정하다고 생각할 것이기 때문이다.

처음 만났을 때는 일방적인 생각뿐이지만 서로를 알게 되면 쌍방향 커뮤니케이션을 하면서 연인 관계로 발전하게 된다.

호의를 전달하는 방법

　호의를 갖고 다가오는 상대방에 대해서는 상황에 따라 시선의 양을 다르게 한다. 호의를 가진 상대방이 바로 맞은편에 앉아 있는 경우와, 회식처럼 여러 명이 참석한 가운데 멀리 떨어져 있는 경우엔 그 상대방에게 보내는 시선의 양이 다르기 때문이다.

　심리학자인 아가일과 데인의 실험 결과에 따르면 호의를 가진 사람과의 거리가 멀면, 시선 시간이 늘어난다. 떨어져 있으면 호의를 표현하기 힘들기 때문에, 이를 보완하기 위해 무의적으로 시선이 늘어난다는 것이다. 따라서 많은 사람이 모여 있는 자리에서 멀리 떨어져 있는 사람에게 호감을 표시하기 위해서는 시선을 많이 보내는 편이 좋다.

　회식이 시작될 때부터 끝날 때까지, 조금씩 시선의 양을 늘리면 당신에 대한 호감도는 높아지게 된다. 반대로 처음부터 너무 열심히 시선을 맞추게 되면, 금방 피곤해져서 시선의 양이 줄고 효과는 대폭 감소하게 된다. 주의를 요하는 부분이다. 덧붙여서 말하면, 좋아하지도 않는 사람이 가까이 있어서 자리가 어색하고 불편할 때는 시선을 피하여 불편함을 없앨 수 있다. 만원 전철이나 엘리베이터에 함께 탔을 때는 시선을 피하게 된다. 그래서 손잡이를 보거나 몇 층에나 왔는지 확인하게 되는 것이다. 또한 여러 사람이 모인 곳에서 자신의 존재를 표현하기 위해서는 발언의 양도 중요하다. 심리학자 스텡 박사의 실험에서는 세 사람이 토론을 하고 있으면 가장 많이 발언하는 사람에게 '저 사람이 리더구나.' 라고 인식하게 되지만, 가장 호의적으로 보이는 사람은 발언한 양이 2번째로 많은 사람이라는 결과가 나왔다. 좋아하는 사람이 참석한 회식 자리에서는 시선의 양을 서서히 늘리되, 그렇다고 해서 너무 티를 내지도 소극적이지도 않는 'No. 2'의 자세를 유념해야 한다.

많은 사람이 모여 있는 자리에서 멀리 떨어져 있는 사람에게 호감을 표시하기 위해서는 시선을 많이 보내는 편이 좋다.

'다시 보고 싶다'는 메시지를 전하는 방법

　헤어질 때 "오늘 정말 즐거웠어."라고 표현하여, 상대방에게 즐거웠다는 인상을 심어준다면, 상대방도 "응, 나도 정말 즐거웠어."라고 말하며 기뻐할 것이다. 사교성 멘트라고 해도 그렇게 말함으로써 상대방은 '나도 즐거웠다고 말했다.'라고 인지하게 되며, 진심으로 즐거웠다고 생각하게 된다. 사람은 '말'과 '행동'과 '생각'이 일치하는 것을 좋아하는 본성이 있기 때문이다. 이것을 '인지적 제합성(齊合性)'이라고 한다. 선물을 받거나 맛있는 음식을 대접받을 경우에 기회는 더욱 많아진다. 헤어질 때 "잘 먹었습니다.", "선물 고마워."와 같은 감사의 인사를 잊지 말라. 인사말과 함께 '즐거웠다.' 또는 '끝내줬다.'라는 식으로 자신이 느꼈던 즐거운 기분을 전하면 효과는 배가된다.

　그 말을 들은 상대방은 '맞아, 내가 이 사람을 위해서 이렇게 투자를 하니, 이 사람이 나를 좋아하는 것이 분명해.' 하며 자신의 행동에 맞춰, 자기의 기분을 해석한다. 자연히 당신에 대한 호감도가 높아진다. 호감도를 높이기 위해서는, 뒤로 물러서기만 해서는 안 된다. 상대방에게 투자를 하도록 유도할 필요도 있다. 단, 투자 그 자체가 목적이 되어, 투자만을 요구하면 단순히 '몰염치한 인간' 이 될 수도 있다. 그러나 좀 더 빨리 손을 쓰고 싶다면 방법이 있다.

　상대방에게 '다시 만나고 싶다.' 라는 생각이 들게 하고 싶으면, 쉬운 말로 당신이 먼저 "다시 만나고 싶다."라는 마음을 표현하는 것이다. 이를 호의의 반보성이라고 하는데, 사람은 자신을 좋아해 주는 사람을 똑같이 좋아하게 된다는 말이다. 속으로 끙끙 앓고 있는 것보다 과감하게 "보고 싶다."라고 직접 말하는 것이 제일 좋은 방법이다.

사람은 '말'과 '행동'과 '생각'이 일치하는 것을 좋아하는 본성이 있기 때문이다. 이것을 '인지적 제합성(認合性)' 이라고 한다.

12. '호감도'와 다시 '보고 싶다'의 차이점

　단순히 '호감이 있는 것' 뿐이라면 한 번의 만남으로 그칠 수도 있다. 처음 만난 사람에게서 '다시 만나고 싶다.' 라는 생각이 들었다면 '이 사람을 조금 더 알고 싶다.' 라는 감정이 생긴 것이다. 이 시점에서 사람들은 자신이 얼마나 그 사람을 좋아하는지 스스로의 애정 척도에 상대방을 올려놓고 가늠하게 된다. 다시 말해서, 그 사람이 '내게 얼마나 필요한 사람인가.' 라는 관점에서 생각하게 되었다는 뜻이다.

　'저 사람은 나에게 어떤 존재일까.' 라고 생각하며 애정의 척도에 올려놓고, 나의 입장에서 내가 하게 될 역할과 기능을 생각하게 된다. 그러다가 '조금 더 알고 싶다.' 에서 '보고 싶다.' 로 변하게 된다. '보고 싶다.' 라는 마음이 바로 연애로 이어진다고 볼 수는 없지만, 상대방과의 관계에 관심을 갖고 있는 상황이라는 점은 틀림없다.

상대방에게 '다시 만나고 싶다.' 라는 생각을 들게 하려면 어떻게 하는 게 좋을까. 나와 사귀게 되면 어떤 점이 좋은지, 내가 상대방을 위하여 어떤 능력을 갖고 있는지를 넌지시 비출 필요가 있다. 극단적으로 말해서 연애는 △△대학, 결혼은 ㅁㅁ대학이라고 분류하고, 연애 상대를 선택하는 사람도 있다. 조금 각박한 이야기일지도 모르지만, 요컨대 상대방이 바라는 '능력'을 당신이 갖고 있지 않으면 그것이 장애가 되어, 상대방은 다시 만나고 싶다는 생각을 하지 않게 된다. 남녀관계란 상호적인 관계라서 내 마음대로 추진해서는 안 된다. 상대방이 내게 무엇을 기대하고 있는지를 알아볼 필요가 있다.

누군가를 처음 만날 때에는 가능한 한 상대방의 정보를 알아내어 어떤 사람을 원하는지, 나라면 어떤 식으로 상대할 것인지를 구체적으로 표현하고, 다음 만남으로 연결하는 것이 좋을 것이다.

사람들은 자신이 얼마나 그 사람을 좋아하는지 스스로의 애정 척도에 상대방을 올려놓고 가늠하게 된다.

13. 상대방의 기분을 아는 방법

사귄지 얼마 안 된 커플의 커뮤니케이션은 일방적이기 마련이다. 둘 중 어느 한 쪽에서 먼저 관심을 보이면 '상대방이 그것을 눈치 채고 언젠가는 반응해 주겠지.' 하며 기대한다. 그래서 당신에게 호의를 가지고 접근하는 사람은 당신에게 다가가서, 마주보는 자리에 앉거나 뜨거운 시선을 보내는 등의 행동을 하는 것이다. 따라서 처음에는 '다가간다.', '말을 건다.', '시선을 보낸다.' 등의 행동으로 접근을 시도한다. 앞서 말한 대로 호감을 가질수록 시선의 양이 많아지는데, 많을수록 좋다고만 할 수는 없다. 계속 바라보고 있으면 적극적이라고 생각할 수도 있겠지만, 호의를 나타내는 표현으로서는 조금 지나친 감이 있을 수도 있기 때문이다.

누군가를 좋아하게 되면 '그 사람은 나를 어떻게 생각하고 있을까?'라고 생각하기 시작한다. 그러면 부끄러워져서 상대방을 똑바로 쳐다보지 못하게 된다. 눈앞에 있는 상대의 눈동자가 반짝반짝 빛이 나면서 커진다고 느꼈다면, 그것은 당신에게 관심이 있다는 증거이다. 동공은 내 의지대로 확대 축소가 불가능하기 때문에 자연스럽게 속마음을 반영한다. 반짝반짝 빛나는 눈동자는 상대방이 내게 관심을 갖고 있는지를 알아내는 데 효과적인 수단인 것이다.

접근의 다음 단계는 표면적 접촉을 중심으로 한다. 영문도 알 수 없는 엉뚱한 질문을 하거나 관심 있는 분야를 슬쩍 떠보기도 한다. 의미가 없어 보이는 대화도 전부 다음 단계를 위한 포석이기 때문에, 그 의미는 크다고 할 수 있다.

단계가 진행될수록 자신의 성격이나 가족, 유년 시절의 이야기를 하며, 개인적인 정보를 공유하고 서로의 태도와 가치관을 일치시키려고 한다. 이 단계까지 오면 두 사람만의 커뮤니케이션이 형성되어, 자기들만의 관계성을 추구하려는 상태라고 할 수 있다.

단계가 진행될수록 자신의 성격이나 가족, 유년 시절의 이야기를 하며, 개인적인 정보를 공유하고 서로의 태도와 가치관을 일치시키려고 한다.

14. 남성과 여성의 행동과 태도

　기본적으로 여성이 남성에 비해 시선은 활발하게 작동한다. 또한 동성이나 이성에 대해서 시선의 양은 크게 다르지 않다. 그러나 남성의 경우, 여성에게 보내는 시선의 양은 그다지 많지 않다. 이는 남성이 여성을 성적으로 의식하기 때문이 아닐까 하는 생각이 든다. 비록 눈을 마주쳐도 적절한 대처할 만한 자신이 없어서 '이상하게 받아들이는 것 아닌가.' 하며 쓸데없는 생각을 하기 때문일지도 모른다.

　남성은 '느낀 대로 표현해서는 안 된다.' 라고 하는 사회적인 압력도 받는다. 덧붙여 말하면, 이것은 동양인 특유의 모습으로 유럽이나 미국에서는 이와 반대로 남녀 사이에는 남성의 시선이 우위에 있는 것 같다. 여기에도 역시 사회적인 배경이 개입되어 있는데, 유럽이나 미국의 남성들은 동양인과는 다른 식으로 자기주장을 펼치도록 배우고, 여성은 그것을 현명하게 받아들이는 입장이기 때문이라고 한다.

시선 대신이라고 하면 조금 그렇긴 하지만, 남성은 여성에게 곧장 스킨십을 시도한다. 타인과의 스킨십은 자신의 존재를 알리기 위한 매우 초보적인 수단이다. 과묵한 남성은 이런 식으로 자신의 존재를 상대방에게 전달한다. 반대로 여성이 이러한 직접적인 스킨십을 허락하는 상대라면 대부분 관계성이 친밀한 경우이다. 즉, 자기 자신의 일을 숨김없이 털어놓을 수 있는 상대가 아니면 여성은 스킨십을 해도 불쾌한 기분만 느낄 뿐이다.

동양인은 직접적인 스킨십에는 서투른 편이다. 그래서 신중하게 접근하지 않으면 단순히 치근대는 사람으로 여겨지기 십상이다. 그러나 거기서 끝나면 그나마 다행이다. 성희롱으로 취급 받을 수도 있으니 주의가 필요하다.

남성은 '느낀 대로 표현해서는 안 된다.'라고 하는 사회적인 압력도 받는데 이것은 동양인 특유의 모습이다. 유럽이나 미국에서는 이와 반대로 남녀 사이에는 남성의 시선이 우위에 있는 것 같다.

마음을 알아채는 방법

　아이블 아이베스펠트라는 동물 행동 학자는 남녀가 이성을 유혹하는 장면을 촬영하여 분석한 결과, 보편적인 형태가 있음을 발견하였다. 여성은 자신의 존재를 알리기 위해서, 구애하는 남성을 미소를 지으며 바라본다. 또한 이성의 관심을 끌기 위해서 고개를 갸웃거리거나 뒤를 돌아보며 머리카락을 흩날리는 등 머리를 이용하여 자신의 마음을 표현한다. 소리 내어 웃으면서 자신의 존재를 알리려고도 한다. 머리를 이용하는 방법은 암컷 동물들에게 흔히 볼 수 있는 공통점이다.

　남성의 경우는 어깨를 쫙 펴서 넓게 보이게 한다든지, 머리를 꼿꼿이 들고 배를 집어넣는다든지, 가슴을 내밀어 보이는 행동을 한다. 평상시보다 동작을 크게 하는 것은 고양이가 털을 꼿꼿이 세우거나 비둘기가 날개를 곤두세우는 행동과 비슷하다고 볼 수 있다. 여성의 경우 여성성, 남성인 경우는 남성성을 강조하여 존재감을 나타내는 것이다. 또한 같은 동물 행동 학자인 디즈몬드 모리스 박사는 '당신을 선택했어요.'라고 표현하는 행동을 '성 신호'라고 하여 분석하였다. 그 내용은 다음과 같다. 평소보다 상대방의 눈을 오래 쳐다보거나, 가까이 다가오거나, 상대방의 몸에 손을 스치며 가벼운 접촉을 시도하고, 자주 미소를 짓고, 상대방의 다양한 신체 부위를 바라본다. 동의할 때는 큰 동작으로 맞장구쳐 준다. 열린 자세로 상대방과 마주 보고 앉는다. 대화를 할 때는 이야기를 보충하기 위해서 평소보다 손을 많이 움직인다. 눈을 크게 뜨고 상대방을 이따금 쳐다보며 상대방의 반응을 살핀다. 요컨대 평소와는 다르게 '들떠 있는 느낌'은 상대방이 당신에게 호의를 갖고 있다는 신호임이 분명하다.

평소보다 상대방의 눈을 오래 쳐다보거나, 가까이 다가오거나, 상대방의 몸에 손을 스치며 가벼운 접촉을 시도하고, 자주 미소를 짓고, 상대방의 다양한 신체 부위를 바라본다.

16. 첫눈에 반하는 순간의 심리 상태

영화에서처럼 운명적인 사람을 만나서 사랑해 보고 싶은 마음은 누구에게나 있을 것이다. 그러나 여기에서는 좀 더 냉정하게 분석해 보도록 하자.

첫눈에 반했다는 것은 단지 내 수준에 맞는 이상형의 상대가 눈앞을 지나간 것일 뿐이다. 말하자면 첫눈에 반한 상대가 어떤 사람인지를 내 쪽에서 미리 결정해 놓았다고 생각하는 편이 옳다.

운명의 사람이거나 인생 최고의 기회라고 생각할 수도 있겠지만, 실제로 그런 상황은 일상에서 자주 눈앞에서 벌어지는 것이다. 욕구나 관심사가 어느 한 쪽으로 기울고 있을, 바로 그 시점에 적절한 타이밍으로 눈앞을 지나는 사람이 운명의 상대가 되는 것일 뿐이다.

뒤집어 생각해 보면, 첫눈에 반한 상대를 통해 현재의 심리 상태를 진단할 수 있는 것이다. 내 이야기를 귀 기울이고 들어 주는 사람에게 반했다면, 현재 당신은 욕구 불만 상태라고 할 수 있다. 다정한 사람에게 반했다면 당신은 자신감을 잃어버린 상태이다. 부자에게 반했다면 당신은 그저 돈에 쪼들리고 있는 상태일 뿐이다.

또한 첫눈에 반했을 때는, 그 사람을 보는 것만으로도 지금까지 겪어온 연애 경험과 대비되므로 기분이 좋아진다. 옛날부터 이상형으로 생각하던 사람과 첫눈에 반한 사람을 자신도 모르는 사이에 동화시키는 것이다. 그러나 '이 사람은 내가 고대하던 사람임에 틀림없어.'라고 하면서 스스로에게 최면을 거는 것일 뿐이다.

사랑이 환상이라면, 첫눈에 반하는 것은 일종의 풋사랑이다. 그것이 진정한 사랑으로 변할 때도 굉장히 많은데, 첫눈에 반해 놓고도 '그저 일시적인 감정이었을 뿐이야.'라고 하면서 포기한다면 허탈한 기분이 들 것이다. 처음 봤을 때의 불꽃같은 감정을 잘 키워서 '좋은 연애'를 하게 되면, 그것이 바로 마음의 비료가 된다. 중요한 것은 첫눈에 반한 뒤에 어떻게 하느냐 하는 문제이다.

쉽게 첫눈에 반하는 사람은 외모만으로 그 사람을 좋아하게 되어 그 사람의 외모를 자신의 가치관에 맞추기 시작한다.

17 성격은 행동으로 나타난다

성격(Personality)이라는 말은 그리스어의 '마음속에 새겨진 것'이라는 뜻에서 비롯되었다. 본래의 뜻은 '선천적인 것이어서 바꾸기 곤란한 것'이라는 의미를 담고 있다. 성격이 바뀌면 인생이 바뀐다는 말도 이런 생각으로부터 나왔을 것이다.

조선시대 5대 임금이었던 문종은 세종의 맏아들로서 학문에 밝고 인품이 관후했으며 성격이 극히 내성적이고 온순했다고 한다. 이에 반해 문종의 동생인 세조는 후일 조카 단종을 폐위시키고 7대 왕으로 등극할 만큼 성품이 활달하고 야심만만하며 매사에 도전적이었다고 전해진다.

우리는 그 왕들을 본 적도 없을 뿐 아니라 성품에 대해서 직접 겪어본 것도 없다. 그럼에도 불구하고 문종을 매우 허약하고 우유부단한 인물로, 세조를 기개가 장대하고 박력이 있는 인물로 여긴다. 왜 그럴까? 이와 같은 우리의 판단은 그 기록들이 객관적으로 묘사한 그들의 신체 조건이나 성격 및 행동에 관한 묘사에서 비롯된 것이라고 할 수 있다. 누군가가 "저 사람 어떤 사람이야?"라고 물었을 때 우리는 종종 "잘 웃는 사람이야." 혹은 "화를 잘 내는 사람이야."라는 식으로 감정과 그 사람을 동일하게 관련지어 대답하는 경우가 있다.

만일 회사에서 이번에 발령받은 과장이 다혈질이라는 말을 듣게 되면 어떤 생각이 드는가? 아마 다른 사람이라면 그냥 넘어갈 만한 사소한 일로도 부하 직원에게 화를 내거나 회의 도중에 화를 잘 벌지도 모른다고 생각하게 될 것이다. 즉, 그 과장이 원래 그런 사람이기 때문에 일이 터질 때마다 화를 낼 거라고 해석하는 것이다.

우리는 어떤 사람의 성격을 타고난 천성으로 믿는 경향이 있다. 물론 어느 정도는 맞는 말이다. 그러나 근래의 심리학은 인간의 중심이 되는 성격의 절반가량만 유전에 의해 결정된다고 말한다. 가령 어린 아이가 늘 안절부절 못하는 부모(양육자)에 의해 키워진다면 필시 그 아이는 늘 불안한 상태에 있을 것이다. 때로는 어머니의 기분이 어떤지에 대해 매우 민감하게 반응하다가도 도리어 어머니의 화를 돋우는 경우도 있을 것이다. 이런 상황이 반복되면 아이는 원래의 성 쾌감에 대해 필요 이상으로 민감해지는 경향을 갖게 될 수 있다. 어떤 특정한 감정을 반복적으로 경험하게 되면 그 사람은 그런 감정을 가진 사람이 되기 쉽다.

그런 면에서 본다면 성격 또한 자신이 원하는 방향으로 바꿀 수 있다는 논리가 가능하다. 만일 자신이 남을 잘 돕는 사람이라는 이미지를 갖고 싶다면 그런 생각을 마음속으로 갖고 있는 것만으로는 아무것도 달라지지 않는다. 그럴 때는 아주 작은 것에서부터, 가령 길을 가다가 구걸하는 사람을 만날 때마다 조금씩이라도 자선을 베풀어야 한다. 적어도 그 순간에는 자신이 너그러운 사람이라는 감정을 느끼게 될 수 있기 때문이다. 그 감정은 점차 확대되고 나중에는 주변 사람들도 그가 남을 잘 돕는 사람이라는 생각을 갖게 될 것이다.

성격이 행동에 나타난다는 것을 거꾸로 이용하여, 자신이 원하는 이미지를 행동을 통해 만들어 갈 수도 있는 것이다. 심리학에서는 '감정과 욕구', '지각의 구조' 등 사람의 행동을 부분적으로 연구하는 경우가 많다. 그러나 성격은 신체적인 것과 심리적인 것을 모두 포함한 인간의 전체적인 것을 바탕으로 연구한다.

근래의 심리학은 인간의 중심이 되는 성격의 절반가량만 유전에 의해 결정된다고 말한다.

인기가 있는 사람과 없는 사람의 차이

결론부터 말하자면 실제로 결정적인 차이는 없다. 누구나 인기가 있을 가능성은 있다. 외모가 출중하거나 성격이 좋아 보이는 사람이 분명 인기가 많다. 그러나 태어날 때부터 정해진 것은 아니다. 고칠 점이 있다면 고치도록 하자.

사람은 자신과 닮은 사람을 좋아하는 경향이 있다. 그러나 그런 사람을 만나기 위해 만날 궁리를 해 봐도 큰 효과를 기대할 수는 없다. 상대방에게 어떻게 접근하느냐가 중요하기 때문이다. 예를 들면 사교적인 성격으로 원만하게 사람을 잘 사귄다거나, 서비스 정신으로 다른 사람에게 말을 건네거나, 대화를 활기차게 이끌어갈 수 있거나, 상대방의 이야기를 열심히 들어준다거나 하는 식이다. 이러한 방법들은 인간관계를 양호하게 만들기 위한 기술의 일부로 '사회적 스킬'이라고 한다.

우리는 보통 '재미있는 사람'이라는 표현을 하는데, 이런 사람들이 사회적 스킬을 가진 사람에 해당한다. 다른 사람들에게 이런 생각을 갖게 하는 것은 일종의 기술이라서, 누구나 갈고 닦으면 그 기술이 향상되어 인기가 많아진다.

스킬이 부족한 사람, 소위 인기가 없는 사람들의 경우, 동성인 사람에게는 과도하게 자신을 보여 주면서도 이성에게는 거의 표현하지 않는다. 화제의 지속성이 없으니, 이성과 멀어지게 된다. 자신의 생각을 너무 강력하게 주장해도 인기를 얻을 수 없다. 상대방과의 거리감을 헤아리지 못하는 사람을 두고 '스킬 부족'이라고 할 수 있겠다.

인기가 있는 사람은 자신이 갈고 닦은 스킬을 사용하여, 실천적인 장면에서 그 기술을 사용하는 기회를 가지기 때문에 점점 레벨이 올라가게 된다. 그러나 스킬 부족으로 인기가 없는 사람은 그 기회를 놓쳐 더욱 악화되는 악순환에 빠진다.

스킬이 부족한 사람, 소위 인기가 없는 사람들의 경우, 자신의 생각을 너무 강력하게 주장해도 인기를 얻을 수 없다.

사람을 판단하는 기준

상대방에 대해 신중하게 판단하는 사람은 상대방의 외모보다는 내면은 어떨까, 나와 취미나 의견이 잘 맞을까 곰곰이 생각한다. 다시 말해서 만나는 동안에 알게 되는 정보로 취사선택하는 것이다. 그러나 첫눈에 쉽게 반하는 사람은 외모만으로 그 사람을 좋아하게 되어 그 사람의 외모를 자신의 가치관에 맞추기 시작한다. 이러한 두 사람의 차이는 '인지적 복잡성' 의 차이일지도 모른다.

다시 말해 다른 사람을 이해할 때 얼마만큼 많은 정보를 이용하여, 얼마만큼 다각적으로 판단하느냐는 전부 개인차이다. 쉽게 말해서 성급한 성격이냐 아니냐의 문제이다. 인지적 복잡성이 높은 사람은 다양한 각도에서 사람을 판단한다. 예를 들면 인지적 복잡성이 높은 교수가 학생을 평가하면 국어와 산수의 학습 성취도에만 관심을 갖는 것이 아니라, 운동 능력과 예술성과 같이 다양한 정보를 이용하여 학생을 평가한다.

  인지적 복잡성이 낮은 사람은, 오로지 외모 혹은 혈액형 혹은 학력만으로 다른 사람이 좋은지 싫은지 판단한다. 누구나 머리로 생각하는 것은 조금 귀찮은 일이겠지만, 인지적 복잡성이 낮은 사람은 특히 생각하는 것을 싫어하여 대충 해 버리는 경향이 있다. 그렇게 되면 사람을 전체적으로 볼 수 없어 상대방이 자신의 예상과는 달라지는 경우가 종종 생긴다. 따라서 인지적 복잡성은 높은 편이 좋다고 하겠다. 인지적 복잡성을 높이기 위해서는 더욱 경험을 쌓고 시야를 넓혀서 자신의 선택 기술을 향상시키는 노력을 계속해야 할 것이다.

다른 사람을 이해할 때 얼마만큼 많은 정보를 이용하여, 얼마만큼 다각적으로 판단하느냐는 전부 개인차이다.

20 셀프 모니터링

　심리학에서는 서로 보완하는 관계로 자신과 전혀 다른 타입을 좋아하게 된다고 한다. 그러나 표면적으로는 자신과 다르더라도, 같은 가치관을 가지고 있다거나 이해가 일치하는 경우가 대부분이다. 예를 들면 다른 사람의 위에 서기를 좋아하는 사람과 다른 사람의 의견을 쫓는 사람은 전혀 다른 타입이다. 하지만, 같은 직장에 근무하고 자신에게 맞는 역할을 담당하여 회사를 크게 키우려고 한다면, 더욱 상위의 가치관에서는 공통된 '야망'을 갖고 있다고 할 수도 있을 것이다.
　둘 사이에는 공통점이 없고 자신과 전혀 다른 타입이라고 하더라도 서로 좋아하게 되는 경우가 있다. 이런 사람은 아마도 셀프모니터링 경향이 강한 사람일지도 모른다. 셀프모니터링은 감수성과 변용성으로 이루어져 있다. 감수성은 상대방의 감정과 기분을 읽어내는 것이 뛰어난 성향, 변용성은 상황에 따라 요구되는 행동을 적절히 취하는 성향이라고 할 수 있다.

  이와 같이 상대를 가리지 않는 성격(Personality)을 가진 사람은 자신과 전혀 다른 타입과도 교류가 가능하며, 만남의 기회도 자주 얻을 수 있을 것이다. 그렇다고 해서 자아가 없는 것은 아니다. 오히려 어지간한 일에는 꿈쩍도 하지 않을 정도로 자존심이 센 사람일지도 모른다. 그리고 자신과 인연이 없는 사람과의 만남을 자존심 높이는 일로 생각할지도 모른다. 따라서 자신과는 다른 타입이라도 원만하게 잘 사귀는 사람은 향상심도 높은 사람이라고 할 수 있다.

감수성은 상대방의 감정과 기분을 읽어내는 것이 뛰어난 성향, 변용성은 상황에 따라 요구되는 행동을 적절히 취하는 성향이라고 할 수 있다.

21. 성격이 잘 맞는 사람은 어떻게 찾을까?

사람은 어떤 성격인가와 상관없이 자신과 성격이 닮은 사람을 좋아하게 되는 경향이 있다. 이것을 유사성 효과라고 부른다. 이것은 부부나 연인 사이에서 강력하게 작용한다. 다음으로 타당성 효과가 있다. 자신의 성격과는 상관없이, 상대방에게는 다른 사람을 즐겁게 해주기를 원하고, 이러한 사람을 좋은 파트너라고 여기는 경향이다. 자신에게 없는 성격을 가진 사람을 좋아하는 상호 보완성 효과도 있다.

위의 3가지 경향에 따라 좋아하는 상대의 성격이 조금은 나눠질지도 모르겠다. 그러나 실제로는 '내 성격은 소심하니까, 적극적 타입인 사람을 좋아하게 될 거야.' 와 같은 예상은 그렇게 간단히 맞출 수 있는 것이 아니다. 실제로 지금까지 내려온 심리학 연구로도 그것을 예상한다는 것은 상당히 어려운 일이다. 왜 예상하기 어려운 것일까. 우선, 자신의 성격을 특징짓는 일이 의외로 어렵기 때문이다. '대체,

어느 쪽이 진짜 나일까? 라는 의문을 가져 본 적이 있을 것이다. 답은 '이것도 나, 저것도 나'이다. 자신의 성격은 본인에게도 타인에게도 그렇게 간단하게 파악되는 것이 아니다.

자신의 성격조차 파악할 수 없는 것이 현실이니 상대방의 성격을 특정화하는 일은 더더욱 어렵다. 상대방은 어떻게 보이면 좋을까 고민하면서 보이는 부분과 방법을 바꾸기도 한다. 그러면 '저 사람은 정말 나랑 성격이 비슷한 것 같다.'라고 생각하게 된다. 인간관계는 이렇게 복잡해서 두 사람이 잘 지내게 되면, 그 결과를 보고 막연하게 '궁합이 좋다.'라는 '원인'을 갖다 붙인다. 그리고 '두 사람은 원래 궁합이 좋아서 서로 좋아하게 된 걸 거야.'라고 하면서 납득해 버리고 만다.

자신의 성격조차 파악할 수 없는 것이 현실이니 상대방의 성격을 특정화하는 일은 더더욱 어렵다.

22 누구와도 잘 어울리는 사람

　성격을 파악하는 방법의 하나로 남성적인 성격과 여성적인 성격을 예를 들어 보겠다. 남성적인 성격이란 행동력, 자기주장, 리더십, 결단력, 야망과 같이 사회에서 일반적으로 여성보다도 남성에게 기대되는 성격을 말한다. 이에 비하여 여성적인 성격이란 감수성, 애교, 귀여움, 이해심과 같이 남성보다도 여성에게 기대되는 성격을 지칭한다.
　이것은 사람이 제멋대로 정한 성차(=남성과 여성의 생물학적 능력의 차)이기 때문에, 육체적인 남녀의 성별과는 관계없다. 완전히 남성적인 남성도 있다면 여성적인 성격을 가진 남자도 있는 것이다. 또한 심리적 양성구유라고 하는, 남자다움과 여자다움을 골고루 갖고 있는 남성도 있다.
　여성의 경우에도 마찬가지이다. 위의 내용을 근거로 하여 처음 만나는 이성과도 즐겁게 대화를 나눌 수 있는 타입은 어떤 사람들인지 생각해 보자. 여기에서는 필자가 대학생들을 피실험자로 하는 실험의 결과부터 살펴보겠다.

　남성적인 성격의 남성은 여성적인 성격의 남성에 비하여 여성의 입장에서 보면 경망스러운 사람으로 비춰진다. 또한 남성적인 성격의 남성은 대화 도중에 긴장하거나, 상대방에게 다가가려는 자세가 결여되어 있음을 알 수 있다. 여성의 경우도 여성적인 성격의 여성은 남성적인 성격을 가진 여성보다도 첫인상이 차분하지 못하고, 대화할 때도 긴장하여 남성적인 성격의 남성과 마찬가지로 상대방에게 다가가려는 자세가 결여되어 있다.

　남성과 대화할 때는 서로 남성적인 성격이나 혹은 여성적인 성격으로 어느 한쪽에 맞추어, 친구처럼 대화를 풀어나가는 경우와 서로 이성으로서의 '특성'을 전면에 부각시켜 연인처럼 대화를 나누는 경우가 있다. 자신이 남성적인 성격과 여성적인 성격, 양쪽을 지니고 있다면 어떤 경우에서도 쉽게 대처할 수 있을 것이다. 만일 상대방도 심리적인 양성 구유라면, 두 사람의 대화는 더욱 활기를 띠게 될 것이다.

여성적인 성격 : 감수성, 애교, 귀여움, 이해심 등과 같이 일반적으로 여성에게 기대되는 성격. 남성적인 성격의 사람과 잘 맞는다.
남성적인 성격 : 행동력, 자기주장, 리더십, 결단력, 야망 등 일반적으로 남성에게 기대되는 성격. 여성적인 성격의 사람과 잘 어울린다.
자신이 남성적인 성격과 여성적인 성격, 양쪽을 지니고 있다면 어떤 경우에서도 쉽게 대처할 수 있을 것이다.

연애 잘하는 사람

대학원 시절, 애인이 있냐는 물음에 고개를 가로 젓는 나를 보며 한 선생님이 소리를 치셨다. "아니, 이십대에 연애도 안 하면서 심리학은 배워서 뭐하게? 발달 과업을 해야지, 공부만 해?" 그 말에 필자는 물론, 연구실에 함께 있는 다른 동기들도 웃었다. 이십대 중반을 넘어가던 우리에게 우리의 발달 과업이라는 '연애'와 '이성 관계'의 문제는 영원히 풀리지 않는 숙제이며, 채우려 해도 만족스럽지 않은 것이었다. 심리학 교과서 내용을 그대로 옮기자면, 이성 관계에서 사랑과 신뢰를 나누는 '친밀감 획득'은 우리의 주요 과제였다.

나는 그 풀리지 않는 숙제를 기말고사 때에 풀었고, 리포트에도 인용했으며, 밑줄을 쳐가며 읽어댔다. 그런데 교과서와 교과서 밖의 세상은 매우 달랐다. 그 연구실 안에는 보통 사람들의 연애 수행보다 결코 나을 것이 없는 과제 수행 미달, 나머지 공부가 필요한 심리학도들이 넘쳐났었다. 나 역시 그들 중 한 명이었다.

그 후 시간이 흘렀지만 여전히 나는 졸업 후 변변한 연애도 제대로 할 줄 모른 채 대학 상담소에서 대학생들의 관계 고민을 들어주기 시작했다. 물론 연애가 주된 문제인 경우는 많지 않았지만, 내 자신이 그 과제를 제대로 풀지 못했기 때문에 연애 상담을 할 때마다 자신이 없었다. 그리고 이십대를 마감해 가는 최근에야 어렵사리 '친밀감 획득'이라는 숙제를 풀었다. 내 귀는 갑자기 뻥 뚫리는 것 같았다. 예전의 나와 꼭 닮아 있는 후배들 그리고 주변 친구들의 연애 고민이 더 잘 들리기 시작했던 것이다. 상담을 잘 할 수 있다는 것은 내가 그 경험을 했는지의 여부가 아니라 내가 그 경험에 대해서 얼마나 투명하고 자유로울 수 있는가의 문제인 셈인데, 나는 실타래처럼 복잡하게 얽혀있던 내 문제에서 벗어나면서, 껍질을 깨고 타인의 얘기를 들을 수 있었던 것이다.

어느 날 연애가 힘들다며 우는 한 명의 내방자를 보내고 난 후, 상담실에 앉아 생각했다. 20대 연애의 발달 과업 수행 평가를 하자면 연애하는 사람을 넷으로 분류해서 볼 수 있지 않을까? 연애 '못하는 사람', 연애 '안 하는 사람', 연애하면서 '안 되는 사람' 그리고 연애 '잘하는 사람'으로 말이다.

세상의 어떤 어려움이 온다고 해도 소중하고 귀중하게 서로를 감싸주고 함께해 줄 것이라는 신뢰를 쌓아가는 것, 이런저런 세속적 사건사고에 마음을 다치게 되더라도 우리에겐 사랑이라는 구원책이 있다. 그 사랑에 다치지 않고 구원받으려면 일단은 내가 굳건해야 한다. 그때가 되어서야 우리는 연애를 잘할 수 있다.

사랑에 다치지 않고 구원받으려면 일단은 내가 굳건해야 한다. 그때가 되어서야 우리는 연애를 잘할 수 있다.

24 나부터 인식하기

　사람은 가장 먼저 자기 자신에 대해 인식한 다음 주변 세상을 인식한다. 그러나 자아 인식의 정확성 여부에 따라 주변 세상에 대한 적응이 달라지기 마련이다.

　자아 인식이란 자기 자신을 인식의 대상으로 여기는 것으로, 자아 인식 역시 사회 지각의 한 형식이라 할 수 있다. 자아는 인식의 주체임과 동시에 객체이다. 자아 인식은 타인과의 교제를 통해 타인의 시선에 따라 형성된다. 자아 인식과 타인 인식은 매우 긴밀한 관계에 있다. 타인에 대해 깊이 있게 지각하는 사람이 자아 인식도 깊이 있게 한다. 자아 인식은 자신의 행동을 조절하는 중요한 역할을 한다. 정확한 자아 인식을 하게 되면 자기 자신을 한 개인으로 보고 거기에 어울리는 행동을 하게 될 것이고, 반대로 자신을 정확하게 파악하지 못한 사람은 여러 가지 좌절을 맛보게 될 것이다.

옛날에 한 마을의 이장이 범죄를 저지른 중을 변방으로 압송하는 임무를 맡게 되었다. 이장은 기억력이 매우 좋지 않았다. 그래서 그는 매일 새벽, 길을 나서기 전에 항상 중요한 물건을 하나씩 점검했다. 그는 먼저 봇짐을 꺼내 무의식중에 '짐은 여기 있고.' 라고 중얼거렸고, 호송할 중과 관련된 문서를 꺼내 보며 자기 자신에게 '문서도 여기 있다.' 라고 알렸다. 그리고 길을 걸으면서 중의 머리를 만지고 중의 몸에 밧줄을 묶으며 또다시 '중도 여기 있고.' 라고 말했고, 마지막으로 그는 자신의 머리를 만지며 '나도 여기 있다.' 라고 말함으로써 점검을 마쳤다.

이장과 중은 며칠째 길을 걷고 있었고, 새벽마다 똑같은 방식으로 사람과 물건을 점검했다. 이장은 하나도 빠진 것 없이 챙긴 다음에 길을 나섰고 하루도 빠짐없이 이 일을 반복했다. 그런데 교활한 중은 이장의 이런 행동 하나하나를 눈여겨보다 도망갈 수 있는 기발한 방법을 떠올렸다.

날이 어두워져서 여느 때처럼 이장과 중은 여관에서 하룻밤을 묵게 되었다. 저녁을 다 먹고 나서 중은 계속해서 이장에게 술을 권했다. "이장님, 몇 잔 더 드세요. 그래 봤자 하루 이틀 늦게 도착하는 것 말고 무슨 문제가 있겠습니까? 집으로 돌아가시면 저를 호송한 공로를 인정받아 분명 좋은 자리를 하나 맡으실 텐데, 이거 미리 축하해야 할 일이 아니겠습니까? 당연히 술 몇 잔 마셔야 되는 좋은 일입니다."

이장은 이 말을 듣고 기분이 좋아져 한 잔 한 잔 술을 계속 들이켰고, 결국 손발이 말을 듣지 않을 정도로 취해 드르렁 드르렁 코를 골며 잠들어 버렸다. 그 사이 중은 면도칼을 찾아내어 이장의 머리를 빡

빡 밀어 버렸다. 그러고는 자기 몸을 묶었던 밧줄을 풀어 이장의 몸을 꽁꽁 묶은 다음 멀리 도망쳤다.

다음 날 새벽, 술에서 깬 이장은 겨우 눈만 뜬 채 전처럼 봇짐과 문서를 만지며 중얼거렸다. 이번에는 중이 있는지 확인해야 할 순간인데, 빡빡머리가 만져지지 않자 이장은 크게 놀랐다. 그 순간 이장은 눈앞에 있는 거울을 들여다보며 빡빡머리와 밧줄을 더듬고는 안심했다.

"아, 중도 여기 있구나."

그러나 그는 금세 소스라치게 놀랐다.

"중은 여기 있는데, 그렇다면 나는 어디 간 거지?"

이장은 자신과 남도 구별하지 못할 정도로 아둔했다. 위의 예는 심하게 과장된 이야기이지만 실제로 정신이 이상한 것 아닌가 싶을 정도로 어리석은 사람들이 종종 있다. 하지만 우리는 그런 이들을 비웃는 실수는 하지 말아야 한다. 우리 자신도 언제나 맑은 정신으로 모든 사항을 정확히 인식하고 있지는 않기 때문이다. 내가 누구인지, 어디에서 와서 어디로 가는지 …? 이런 자아인식에 관한 물음은 고대 그리스 시대부터 시작되었다. 하지만 어느 누구도 만족스런 해답을 찾지 못했고, 인류는 아직까지도 자아를 찾기 위한 발걸음을 멈추지 않고 있다.

자아는 인식의 주체임과 동시에 객체이다. 자아 인식은 타인과의 교제를 통해 타인의 시선에 따라 형성된다.

25 진실한 사랑을 어떻게 찾을 수 있을까

"저는 사랑을 하기에는 성격이 문제가 되는 것 같아요. 관계를 쉽게 생각하지 못하고 너무 진지하게 받아들이거든요. 예를 들어 누군가를 좋아하게 되면, 그 앞에서는 나를 온전히 내보일 수 없게 돼요. 서로 편한 감정으로 만났다가 좋아지게 되면 연애를 하고 그러는 건데, 저는 그 단계가 참 어려워요. 뭐랄까, 관계를 맺는 과정에서 하나부터 열까지 너무 신경을 곤두세우다 보니 나중엔 제가 너무 힘들어서 멀리하게 돼요. 사람 사귀는 일을 조금 쉽게 생각할 수 있는 방법은 없을까요?"

사랑에 대한 고민들을 물끄러미 듣고 있으려니, 아직은 젊은 사람에게 사랑은 다른 무엇이 아닌, 신뢰와 확신의 문제라는 생각이 들었다. 사랑을 믿고 확신해도 되는지에 대한 질문을 담고 있는 이런저런 사랑의 몸짓들에는, 진실하고 영원하며 변하지 않는 사랑을 신뢰라는 바탕에서 함께 그려나가고 싶다는 염원이 담겨 있다.

하지만 그 사랑은 아직 오지 않았거나, 이미 나를 스쳐가 버린 것 같거나, 영영 오지 않을 것 같을 때가 있다. 내 사랑을 거절했던 모든 사람들에 대한 씁쓸한 원망을 안고 우리는 사랑에 상처받았다며 점점 사랑에 마음의 문을 닫는다. 사랑에 대해 닫힌 마음을 안고 누군가를 만나도 선뜻 마음을 열 수 없는 우리는 도대체 사랑이라는 문제가 어디서부터 잘못되었는지 모른다. 그래서 외로움과 쓸쓸함이 한 차례 파도처럼 밀려올 때마다 우리는 스스로에게 혹은 누군가에게 묻는다.

진실한 사랑이란 동화나 영화나 드라마 속의 얘기라는 것이다. 사람의 현실, 그것도 내 삶 속에는 그렇게 충만하고 절실한 사랑이 뿌려지지 않았다는 것이다. 현실은 그저 지지부진의 연속이었다는 것이다.

현실은 사랑이 아닌 것들이 사랑인 양 현혹하기도 하고, 내 사랑을 방해하는 외적 장애물과, 내부의 적들로 들끓고 있어 우리는 더욱 방어막을 두텁게 만든다. 그러면 우리는 사랑에게 냉소적인 태도를 취하거나, 아예 사랑의 가능성을 차단하고 싶어지기도 한다.

무엇보다 한 번 사랑에 상처받고 배신당한 기억을 안고 있는 사람은 쉽사리 사랑을 두 팔 벌려 껴안기가 어렵다. 이렇게 사랑에 불리한 조건 속에서 우리는 사랑을 '찾아내야' 한다. 역설적이게도 사랑이 가장 힘든 지금이 우리에게 사랑이 가장 필요한 시기이다.

PART II

연애는 실전이다

우리는 살면서 몇 번의 연애를 경험한다. 그중엔 실패한 연애도 있을 것이고 성공한 연애도 있을 것이다. 연애에 실패하고 성공한다는 것은 무엇으로 판단할 수 있을까? 분명한 것은, 이별이 따른다 해서 실패한 연애는 아니다. 연애하는 동안 두 사람이 얼마나 좋은 시간을 보내고 이별한 후에 어떻게 기억되느냐가 성공 여부를 말해 줄 것이다. 그런데 아쉽게도 연애에 연습은 없다. 이것이 연애는 '實戰'이라고 표현할 수밖에 없는 불가피한 이유다.

01 'LOVE'와 'LIKE'의 차이

　많은 사람들이 어떤 특정한 사람과의 관계를 생각할 때 한 번씩은 생각해 본 적이 있겠지만, 'Like'와 'Love' 간에는 차이가 있다. Like에 해당하는 사람에게는 '저 사람은 신뢰할 수 있다.', '나와 닮았다.'와 같은 객관적인 견해를 가진다. 한편 Love의 대상이 되면 '무엇인가 해주고 싶다.', '독점하고 싶다.'와 같이 상대방의 영역으로 넘어가는 행동 욕구가 형성된다.

　Like는 동성에 대한 마음, Love는 이성에 대한 마음이라고 생각하는 사람이 있을지도 모르지만 반드시 그렇지는 않다. 이것은 인간관계를 보는 견해 차이이다.

　기본적으로 Like는 '개방적인 관계' Love는 '폐쇄적인 관계'인 경우가 많다. 여기에서는 사람과 부부간의 Love만을 고려하고 있으나 Love의 관계에 있을 때, 여성의 경우는 오목한 부분을, 남성은 튀어나온 부분을 이용하여 딱 맞게 포개져서 일심동체의 관계가 되려고 한다. 모양은 서로의 성격과 능력을 말한다. 이것은 제 삼자가 끼어들기 힘든 관계, 즉 폐쇄적인 관계를 의미한다.

그러나 여성이나 남성이나 모두 패인 부분도 갖고 있으며, 돌출된 부분도 서로 지니고 있다. 이러한 양쪽의 특징을 적절히 활용하는 것이 Like, 그래서 Like는 남녀관계를 초월하여 적용된다. 따라서 Love의 관계를 갖는 동시에 Like의 관계도 원만하게 풀어갈 수 있다. Love는 물론이고 Like에서도 다양한 관계를 맺고 싶다면 전부 지니도록 노력해 보자. 그러면 그 가능성은 높아질 것이다.

Like – 개인이 갖고 있는 남자다움과 여자다움을 골고루 보여줌으로써, 남녀 관계없이 폭 넓게 사귈 수 있는 관계를 뜻한다.
Love – 남자로서 혹은 여자로서의 요소만을 서로에게 내 보이고 있는 상태. 다른 사람은 얼씬도 못하게 하는 폐쇄적인 관계이다. 친구와는 분명히 다르며, 두 사람만의 비밀을 공유하게 되면 둘 사이는 더 깊어진다.

02 사랑의 종류

여기에서는 심리학자 리 박사의 이론을 바탕으로 설명해 보겠다. 사랑에는 쾌락적, 실리적, 우애적, 애타적, 미적, 광기적인 사랑 등 6가지가 있는데, 연애는 이 6가지가 혼합되어 독창적인 관계성을 만든다고 한다.

우선 '쾌락적인 사랑' 타입은 연애를 최우선으로 생각하여 애인과 있을 때는 순간을 마음껏 즐기지만, 한 사람에게 집착하지 않는 타입이라서 복수의 애인들과 만날 수 있다.

'쾌락적인 사랑' 타입과는 정반대인 것이 '애타적인 사랑' 타입이다. 상대방을 위해서라면 어떤 희생이라도 마다하지 않는다. 보답을 바라지 않으며, 오로지 상대방을 위해 헌신하는 데에서 기쁨을 느낀다.

'실리적인 사랑' 타입은 연애를 수단으로 이용하여 연애 이상의 욕망을 채우려고 하는 사람들이다. 연애를 통해서 사회적 지위나 좋은 가정을 얻으려고 한다. 선을 보는 것도 여기에 해당된다.

　실리적인 사랑 타입과 반대인 것이 '미적 사랑' 타입이다. 한마디로 말하면 외모중시형 인간, 첫눈에 반하기 쉽고, 연애 그 자체를 최우선으로 생각한다. 이 타입에는 로맨틱한 사람들이 많다.

　'우애적인 사랑' 타입은 오랜 시간을 걸쳐 자연스럽게 생성된 관계를 가리킨다. 친한 친구사이 같아서 질투와 같은 격한 감정이 일어나지 않으며, 온화한 관계를 쌓을 수 있다.

　마지막으로 '우애적인 사랑' 타입과 정반대인 '광기적인 사랑' 타입이 있다. 독점욕이 강해서 격한 감정이 자주 일어난다. 사귀는 상대가 다른 이성의 이야기를 하는 것만으로 격분하여 질투의 화신이 되어 버린다.

　각각의 타입을 보면서 아마도 주변 사람들의 모습을 떠올리곤 했을 것이다. 누구나 정도의 차이는 있겠지만 이상에서와 같은 특정한 연애 습관을 갖고 있다. 따라서 사귀려고 하는 대상이 있다면, 얼른 상대방의 타입을 파악해 두는 것이 현명하다.

누구나 정도의 차이는 있겠지만 이상에서와 같은 특정한 연애 습관을 갖고 있다. 따라서 사귀려고 하는 대상이 있다면, 얼른 상대방의 타입을 파악해 두는 것이 현명하다.

03 만남이 잦을수록 쌓이는 친밀감

자주 만날수록 친근감이 커질까? 답은 Yes이다. 사람은 익숙해지면 그것만으로도 친밀감을 느끼기 때문이다. 이것을 단순 접촉 효과라고 한다. 모르는 사람의 얼굴과 이름, 혹은 잘 모르는 음악과 외국어라고 해도 반복하여 보거나 듣는 동안에 친밀감이 생겨서 차츰 좋아지게 된다는 뜻이다. 이러한 경우에서는 의식적으로 기억하지 않아도 그것들이 자연스럽게 뇌리에 남게 된다. 이를 증명하는 심리학자 자이언스 박사의 실험 결과를 보도록 하자.

어느 피실험자에게 1페이지당 한 사람씩 찍혀 있는 사진 책자를 첫 장부터 보여 준다. 도중에 같은 사람이 몇 번씩 등장하게 한다. 그 후, 호감도를 조사해 보면 사진 속에 등장하는 횟수가 제일 많은 사람에게 호감도가 가장 높다는 사실을 알 수 있다.

사내 결혼이 흔한 이유도 단순히 매일 얼굴을 맞대고 있기 때문이라고 생각할 수 있다. 만약 당신이 좋아하는 사람이 나를 보게 하고 싶다면, 가능한 한 만나는 기회를 늘려 나에게 친밀한 감정이 들도록 하는 것이 좋다. 처음엔 적대 관계에 있던 경우라든가 첫 인상이 별로 좋지 않을 경우에는, 만나면 만날수록 싫어지는 경우도 있기 때문에 다른 방법을 찾는 편이 좋다.

가까이 있는 사람과 친해진다고 한다. 이것은 단순 접촉 효과뿐 아니라 비용 면으로도 설명이 가능하다. 원거리 연애를 생각하면 쉽게 이해할 수 있다. 직접 만나는 것은 물론이고 전화, 이메일을 사용해서 아무리 둘 사이를 연결한다 하더라도 전부 나름의 비용이 들게 마련이다. 사람들은 많든 적든 비용 대비 효과를 생각하기 때문에 지금까지 들었던 비용에 걸맞은 관계를 쌓았는지를 검토하게 된다. 말하자면 내 곁에 가까이 있는 사람은 이러한 비용을 걱정하지 않고 만날 수 있기 때문에 이미 최초의 벽을 넘었다고 할 수 있다.

같은 얼굴이라도 익숙해질수록 호감도는 높아진다. 따라서 누군가에게 관심을 받으려면 자주 만나는 것이 가장 좋은 방법이라고 할 수 있겠다.

04 지나치면 반발심을 유도한다

　접촉에는 마이너스 작용도 있다. 커뮤니케이션이 일방적이라서 상대방의 반응(Reactance)이 전혀 없는 경우나 커뮤니케이션이 원활하게 진행되지 않아서 대화 내용이 서로 마음에 들지 않을 때는 친해지기는커녕 오히려 적의가 발생할 수도 있다.
　미국 경찰 데이터에 의하면 폭행 사건은 가족, 이웃, 친구 사이에 발생하는 경우가 많으며, 가족 간 살인 사건의 3분의 1을 차지한다는 놀라운 결과가 있다. 가까운 관계에 있는 사람들은 싫어도 관계를 끊을 수 없으며, 서로 관계가 얽혀 있는 상태이다. 따라서 '내 마음대로 인간관계를 선택하면 좋을 텐데.' 와 같이 반발하는 감정도 더욱 거세져서 싫어지기 시작하면 자신의 자유를 회복하려고 더욱 싫어지게 되는 것일지도 모른다. 이는 심리학 용어로는 '심리적 반발' 이라고 한다. 초등학생 시절에 '지금부터 숙제해야지.' 라고 생각하고 있었는데 엄마가 '빨리 숙제해!' 라고 하면, 그 말을 듣는 순간 숙제를 하려는 마음이 싹 사라져버리는 경험을 해봤을 것이다. 바로 그것이다.

상대방에게 '집요하다.' 라는 생각이 들지 않도록 하기 위해서는 이 심리적 반발이 발생하지 않도록 하자. 이를 위해서는 상대방에게 선택의 여지를 남겨 둔 후에 '성실하게' 호의를 표시하는 것이 좋다. 직장에서 남녀사이에 상대방이 도망칠 수 없다는 사실을 알고 관계를 밀어붙이면 이것이 바로 명백한 성희롱 행위이다. 또한 혼잡한 데다 고온인 악조건 속에서 접촉을 시도하면, 친밀한 느낌은커녕 혐오나 증오의 감정을 낳게 된다. 접촉은 타이밍을 못 맞추거나 정도를 넘어서면 단지 '집요하다.' 로 변하는 양날의 검이라고 할 수 있다.

상대방에게 '집요하다.'라는 생각이 들지 않도록 하기 위해서는 이 심리적 반발이 발생하지 않도록 하자.

05 친밀감을 높이는 방법

　두 사람이 막 사귀기 시작했을 때는 서로 잘 보이기 위해서 반짝거릴 정도로 차를 닦아서 온다거나, 유난히 옷차림에 신경을 쓴다거나, 구석구석 깨끗이 방을 청소하고 초대를 하는 등 상대방에게 잘 보이기 위해 최선을 다한다. 그랬던 두 사람이 친해지고 익숙해지면 연애 초기에 최선을 다하던 모습과 현재의 풀어진 모습이 대조적으로 보이게 된다. 따라서 항상 긴장감을 잃지 않고 상대방에게 자신의 가장 좋은 모습을 보이려는 배려가 필요하다. 다시 말해서, '초심을 잃지 말자' 는 말이다.

　매너리즘에 빠지지 않도록 하자. 예를 들면, 연애 초기에는 손을 잡는 것만으로도 가슴이 뛰었던 만남이 시간이 지날수록, 아침에 이를 닦거나 밤에 샤워를 하는 일처럼 '일상' 이 되어 버린다. 그래서 일부러 로미오와 줄리엣처럼 장애를 만들고 그것을 극복함으로써, 상대방과의 관계를 늘 새롭게 유지하려고 하는지도 모른다. 장애를 극복하고 다시 만나는 기쁨을 나누는 것이다. 결국 연애란, '환상'의 다른 이름이니까.

다정한 행동과 냉정한 행동을 각각 다르게 연출하는 남녀의 대화 장면을 통해서 제3자로 하여금 두 사람이 얼마나 상대방에게 호감을 느끼는가를 평가하는 실험이 있다. 실험 결과를 보면, 처음 만났을 때는 다정한 행동을 보이다가 냉정한 행동을 하게 되면, 처음부터 냉정한 행동을 한 경우보다 더 상대방에게 좋지 않은 인상을 주게 된다는 사실이 밝혀졌다. 이를 로스(loss) 효과라고 하는데, 이 경우에 남녀는 결국 끝을 보게 된다.

일관되게 상냥한 행동을 보이기보다는 냉정한 행동을 하다가 상냥한 행동으로 변화해 가는 패턴은 오히려 상대방에게 호감을 준다고 제3자는 판단하였다. 이것은 게인(gain) 효과라고 하는데, 친밀도를 더욱 높일 수 있는 방법이다. 지나치면 모자란 것만 못한 법이지만, 가끔은 상대방과 떨어져 보는 것도 좋은 방법일 수 있다.

항상 긴장감을 잃지 않고 상대방에게 자신의 가장 좋은 모습을 보이려는 배려가 필요하다. 다시 말해서, '초심을 잃지 말자'는 말이다.

06 상대방의 숨겨진 마음의 갑옷

　세일즈만큼 상대방의 마음을 읽는 것이 업무의 성공 여부와 직결되는 작업은 없다고 해도 과언이 아니다.
　손님으로 하여금 기꺼이 물건을 사게 하거나, 또는 그런 기분이 들게 하는 것은 세일즈맨과 손님과의 좋은 인간관계에 달려 있다. 살 사람의 마음을 정확하게 붙잡지 못하는 세일즈맨의 방문을 받았을 때는 기분이 매우 불쾌해진다.
　이들의 방문을 귀찮게 여기는 아파트나 고층빌딩 사무실에는 '세일즈맨 사절'이라는 쪽지를 붙여 놓은 곳이 적지 않다. 세일즈맨들 중에는 상대방의 시간이나 여건에는 아랑곳없이 마구잡이로 방문하는 사람들이 있다.
　이는 폭력을 행사하는 것과 다름없는 것이다. 이런 경우, 그들의 무례함에 기분이 상한 측에서는 방문 목적을 들어 보기도 전에 무조건

거절부터 하게 마련이다. 물론 세일즈맨의 일은 팔려는 자의 일방적인 적용에 의해 시작된다. 때문에 아무래도 어느 정도의 강요는 필요할지도 모른다. 그러나 사는 사람이 이것을 강요로 받아들이지 않을 정도의 배려는 필요하다.

소위 세일즈맨으로 성공한 사람들은 항상 좋은 인간관계를 유지하고 있다. 그들 중 대다수는 '세일즈맨으로 성공하는 비결은 상대방의 말을 잘 들어주는 데에 있다'고 말한다.

우리는 세일즈란 상품의 효과나 질 등을 구매자에게 일사천리로 늘어놓기만 하면 된다고 생각하는 세일즈맨을 종종 볼 수 있다. 그러나 만일 이렇게 해서 상품을 팔았다고 하더라도 구매자와의 좋은 인간관계가 성립되지 않는 한, 단지 한 번의 팔고 사는 것으로 그 구매자와의 인연은 끊어지고 말 것이다.

반대로 구매자와 좋은 인간관계를 맺은 경우 그 세일즈맨은 애초의 목적대로 상품을 팔 수 있을 뿐 아니라, 그 후에도 구매 당사자에게서 많은 도움을 받을 수 있다.

한편 구매자측은, 원하는 물건을 손에 넣었다는 기쁨 이 외에 세일즈맨을 통하여 상품 이상의 무언가를 얻었다는 만족감을 얻게 된다. 이 뭔가를 얻었다는 만족을 느끼게 하는 비결이야말로 세일즈의 포인트라고 할 수 있다.

그렇게 하기 위해서는 우선 자기의 성실함을 상대방에게 인지시킬 필요가 있다. 이것은 상대방의 눈물샘을 자극하는 전략이나 열성을 가장한 잔재주를 의미하는 것이 아니다. 마음의 갑옷을 벗고 피부로 접촉한다고나 할까. 인간으로서의 가식 없는 자신의 모습을 구매자에게 드러내는 것이다.

  이렇게 진심을 다함으로 고객이 안심하고 마음의 벽을 허물 수 있도록 최선을 다하는 것이다. 있는 그대로의 자신, 즉 색안경을 벗고 백지가 됐을 때만이 상대방 마음의 움직임을 있는 그대로 읽을 수 있다. 이렇게 마음의 창을 열고 서로가 진심으로 상대방을 대할 때 좋은 인간관계가 맺어지는 것이다.

마음의 갑옷을 벗고 피부로 접촉하면서 진심을 다한다면 상대방은 마음의 벽을 낮출 것이다.

07 간절히 바라면 그대로 이루어진다

　오드리 햅번 주연의 '마이 페어 레이디'라는 영화가 있다. 이 영화는 히킨즈라는 언어학자가 친구에게 런던의 어느 번화가에서 꽃을 파는 처녀 일라이자를 반 년 만에 훌륭한 귀부인으로 변신시켜 보이겠다는 맹세를 하고, 결국 그렇게 만들어 그녀와 결혼을 한다는 내용이다.

　이 영화 속에서 히킨즈 교수는 심리학을 응용하고 있다. 그는 일라이자를 귀부인처럼 만들기 위해 그녀를 처음부터 꽃 파는 처녀가 아니라 귀부인으로서 대접한다. 그리고 "너는 훌륭한 숙녀다. 기품이 있는 여성이다!"라는 말을 의도적으로 들려준다.

　그뿐 아니라 화려한 드레스에 눈부신 장신구를 갖추게 하여 그녀로 하여금 귀부인이 된 듯한 심정을 갖게 했다. 그랬더니 놀랍게도 그녀는 꽃 파는 처녀의 태를 벗고 차츰 기품이 넘치는 귀부인으로 변신하게 되었다.

이처럼 사람들은 타인의 기대를 받게 되면 기대된 인간처럼 생각하고 행동하려는 모습을 보이게 된다. 이것을 '자기충족의 예언'이라고 한다. 히킨즈 교수는 이러한 심리를 교묘하게 활용한 것이다.

이러한 용어를 처음 사용한 사람은 사회학자인 머튼이다. 그는 하나의 예언이 만들어지면 그것이 인간의 행동을 바꾸어서 예언을 실현하게 만드는 수단이 된다고 주장했다. 이와 같은 원리를 '피그말리온 효과'라고도 부른다. 실제로 영화(마이 페어 레이디)의 소재는 영국의 극작가 버나드 쇼가 쓴(피그말리온)에서 따 온 것이다.

피그말리온은 그리스 신화에 나오는 키프로스 섬의 왕으로서 평생 독신으로 살다가 아름다운 조각상을 만든 뒤에 진짜 살아 있는 여자처럼 사랑에 빠지고 만다. 마침내 그는 신전에 조각상의 여인과 결혼하게 해달라고 빌게 되는데, 미의 여신인 비너스가 조각상을 실제 여인으로 만들어 아내로 맞을 수 있었다는 이야기다.

피그말리온 효과는 여기에서 유래한 말로서 누군가에 대한 믿음과 기대가 현실로 이루어지는 것을 말한다. 이와 같은 원리는 일상생활에서도 응용할 수 있다.

자녀에 대해서도 마찬가지이다. 아이가 만일 그림을 그리는 데 소질이 있다면 "너는 정말 그림을 잘 그리는구나", "어쩌면 일류 화가가 될지도 몰라." 하는 식으로 칭찬해 주면 그 아이는 틀림없이 부모의 기대에 부응하려고 열심히 그림 공부를 하게 될 것이다.

그러나 아이가 관심과 의지가 없는 일에 대해서 부모가 억지로 기대감을 갖는다면 자칫 그 아이에게 강박관념을 갖게 할 수도 있다.

누군가에 대한 믿음과 기대는 무언가를 이루는 데 큰 힘이 된다.

08. 만남을 오래 지속시키는 요령(tip)

연인 사이나 부부 관계도 개인과 개인의 결합임에는 변함이 없다. 여기에는 자신뿐 아니라 상대방도 개인으로서 심리적으로 만족하고 있는지에 대해서 항상 신경을 쓰는 자세가 요구된다. 두 사람의 관계가 지속되는 경우는 상호작용을 계속하여 서로가 마음에 드는 결과를 얻을 때이다. 금전 지원과 같이 물리적인 재화의 교환이라면, 받은 쪽이 이득을 얻고 준 쪽이 손해를 보는 시스템이 되겠지만, 인간관계는 그렇게 간단하지 않다.

일방적으로 말해서, 상대방에게 무엇인가를 주면 상대방은 물론 나 자신도 '그 사람을 기쁘게 해서 행복해.' 라고 하는 충만감을 맛볼 수 있다. 이와 같이 상대방과 더불어 나 자신도 만족하게 됨으로써, 더더욱 상호작용을 이어가게 되는 것이다. 상호작용을 통해 만족함으로써 관계를 오래도록 지속시키는 요령은 서로가 두 사람의 관계에 대하여 공평하다는 느낌을 갖는 것이다.

나와 상대방의 보수와 비용의 비율이 똑같은 수준을 유지하게 한다는 점을 늘 염두에 둔다면 관계는 좋아지게 될 것이다. 내가 상대방에게 투자하면, 나는 얼마나 이득을 얻을 수 있는가? 투자와 이익의 비율은 상대방이 나에게 투자하여 얻은 이익의 비율과 똑같을까? 서로가 느끼고 있는 인풋(in Put)과 아웃풋(out put)의 균형을 유지하는 것이 관계를 지속시키는 요령이다.

여기에는 약간의 테크닉이 더 해지면 좋다. 자신과 상대방의 보수와 비용의 비율은 같아도 문제없지만, 더 좋은 관계는 서로가 '상대방보다 내가 조금 더 이득이다.' 라고 은밀하게 느끼고 있는 것이다. 그리고 자신이 상대방보다 너무 큰 이득을 보고 있다고 느끼면 바로 상대방에 대한 투자를 늘려서 균형을 유지하게 된다.

상호작용을 통해 만족함으로써 관계를 오래도록 지속시키는 요령은 서로가 두 사람의 관계에 대하여 공평하다는 느낌을 갖는 것이다.

09 특별한 말로 가까워지기

'이 자리에서만 하는 말인데 ….', '너니까 말하는 건데 ….' 등, 비밀을 공유하거나 평소에는 말할 수 없던 이야기들을 함으로써 상대방에게 특별한 사람으로 인식될 수 있다. 상대방은 자신이 필요한 사람이며 신뢰를 받고 있다는 인식도 갖게 된다. 평소에 말하지 않았던 영역, 예를 들면 가족이나 옛날 친구의 이야기, 초등학교, 중학교 때의 일을 이야기하면 둘만이 공유하는 화제가 만들어지고, 서로 특별한 관계로서 인식하게 된다.

대부분의 사람들은 다른 사람에게 중대한 비밀을 털어놓게 되면 자신도 마찬가지로 상대방에게 그 사람의 비밀 이야기를 들어야겠다는 생각을 하게 된다. 이것을 '자기 개시의 반보성'이라고 한다. 마침 상대방도 '비밀 이야기'를 풀어놓으면 서로에게 '이 사람에게 아주 중요한 비밀을 말했다.'라는 생각을 하게 된다. 나아가 그 이유를 해석하기 위하여 '나는 저 사람을 신뢰하고 있었구나. 저 사람과 특별한 관계가 되기를 바라고 있었던 거야.' 라는 자각을 하게 된다.

그렇게 되고 나면 이후의 행동은 자각하게 된 동기와 모순되지 않도록 스스로 변하게 된다. 정말로 상대방을 특별하고 친절하게 대하는 것이다. 평소와는 다른 신선함을 주기 위하여, 상대방을 부를 때 아무렇지도 않은 듯 조금 다르게 불러 보는 것도 효과적이다.

또한 "늘 생각해왔던 건데 ….".라며 상대방의 행동을 칭찬해 주는 것도 좋은 기술이다. 예전에 했던 말이나 행동을 기억하고 말해주면 상대는 감동한다. "그때 네가 ○○ 했었잖아."라든지, "옛날보다 더 예뻐졌네.", '다 컸네.", "의젓해졌구나." 등으로 칭찬해 주는 것도 좋다.

평소와는 다른 신선함을 주기 위하여, 상대방을 부를 때 아무렇지도 않은 듯 조금 다르게 불러 보는 것도 효과적이다.

10 친밀감을 느끼도록 하기

올림픽이나 축구 경기를 보면 개최국이나 홈그라운드에서 시합을 한 팀의 승률이 높다는 사실을 알 수 있다. 이와 마찬가지로 데이트도 내가 잘 아는 곳으로 상대를 데려가는 것이 효과적이다. 고급 레스토랑에서의 저녁식사도 좋지만, 익숙하지 않은 곳에 가면 낯선 곳에 적응하기 위해 신경이 분산되므로 데이트 상대에 집중할 수 없게 된다.

분위기 있는 조용한 장소도 좋지만, 라이브 음악이 흐르는 카페나 바와 같이 주변이 시끌벅적한 장소도 의외로 효과적이다. 왜냐하면 마음에 두고 있는 상대의 목소리를 더 잘 듣기 위해서 몸을 그 사람이 있는 쪽으로 기울이는 자세를 취할 수 있고, 상대방도 더 잘 들을 수 있도록 내게 더 가까이 다가오기 때문이다.

서로 열심히 대화하는 자세를 취함으로써, 심박 수가 빨라지거나 땀을 흘리기도 한다. 그렇게 되면 생리적인 감정이 생기는데, 이를 애정 때문이라고 착오 귀속(착각)하게 되면 사랑은 열매를 맺게 된다. '어떻게 그럴 수가 있어?' 라고 생각할 수도 있으나, 연애에는 평소에 본인이 어떤 생각을 갖고 있느냐 하는 점도 크게 작용하는 법이다.

상대방에게 맛있는 음식을 사주면서 설득하는 것도 효과적이다. 한 실험에서는 땅콩이나 탄산음료를 먹으면서 누군가를 설득할 때 그 효과가 높아진다는 사실이 밝혀지기도 했다.

상대방이 당신의 기대대로 행동해 주었을 때 보상을 주면 상대방은 '학습' 하게 된다. 그러나 늘상 고급 레스토랑을 드나드는 무리를 범할 필요는 없다. 가끔씩 불러내는 편이 오히려 상대방과의 관계를 오래 지속하는 데 도움이 된다. 보상은 자주 하는 것보다 가끔 하는 편이 좋다고 한다. 이것이 심리학에서 말하는 간헐 강화(부분 강화)이다.

상대방이 당신의 기대대로 행동해 주었을 때 보상을 주면 상대방은 '학습'하게 된다.

11 작은 감동을 소중히 여기기

어깨 결장을 푸는 혈이 있듯이 사람의 마음에 감동을 주는 혈이 있다. 실력 있는 사람이 지압을 해주면 어깨 결림이 시원하게 풀어져서 몸이 가뿐해진다. 사람의 마음도 혈을 약간만 자극해 주면 기분 좋은 감동이 온몸에 확 퍼진다. 즉 마음이 치유되는 것이다.

여기에서 말하는 감동이란 극장에 모인 수백 명의 관객을 매료시키는 커다란 감동이 아니다. 고작 해야 서너 명의 주위 사람들을 치유하는 작은 감동이다. 사람의 마음을 움직이는 사람은 이런 작은 감동을 소중히 여기는 사람이다.

재능이나 성격에 관계없이 마음먹기에 따라서 어떤 사람이라도 주위 사람들에게 감동을 줄 수 있다. 얼마 전 이런 광경을 목격했다. 신호등이 없는 횡단보도에서 차들 사이로 도로를 건너갈 기회를 포착하지 못한 채 쩔쩔매는 한 노인이 있었다. 그것을 보고만 있을 수 없었는지 젊은 남자가 거의 강제로 차들을 세우고는 그 노인을 보호하면서 도로를 건넜다.

그리고 그는 다시 자신이 있었던 쪽으로 건너왔다. 자기가 건너려는 김에 노인을 모시고 간 것이 아니라, 노인이 건너도록 하기 위해서 일부러 건너편까지 갔었다는 사실을 알고는 작은 감동을 받았다. 별것 아닌 일 같지만 실행으로 옮기기에는 상당히 어려운 일이다. 거리에서 벌어진 일이었기에 작은 감동을 받은 사람이 몇 명 더 있었을 것이다.

물론 이 남자는 우리를 감동시키기 위해서가 아니라, 곤경에 처한 노인을 도와주고 싶은 마음에서 한 일이었지만 우리는 거기서 작은 감동을 받게 된다. 이 남자는 자기가 도와준다면 길을 건너려는 노인이 기뻐할 거라고 생각하였을 것이다.

사람을 기쁘게 하는 행위가 감동의 혈이다. 그는 의식적으로 그곳을 눌렀던 것이다. 조금 더 설명하자면 의식한 것은 아마 거기까지일 것이다. 그의 행위에서 주위 관중을 감동시키려는 의도는 전혀 찾을 수 없었으나 결과적으로 주위 사람도 감동시키게 된 것이다.

남을 기쁘게 해주고 싶다는 생각을 모든 사람이 지니고 있지만, 정작 그것을 실행하는 사람이 작은 감동을 소중히 여기는 사람이 아닐까. 사람에게 작은 감동을 주는 혈은 여러 군데가 있다. 이 책을 통해 그 혈이 어디인지 찾아보게 될 것이다.

12. 친구에게 사랑을 느끼는 심리 상태

　Love와 Like의 차이에서 짚었듯이 상대방에 대해 관여하고 관계를 갖고 있음을 의식하면 Love가 된다. 이 상태가 되면 Like 상태였을 때는 나타나지 않았던 독점욕이나 질투심이 생긴다. 이것이 두 개념을 가르는 기준이 된다.

　남녀의 질투심에 대한 대처 방법은 조금 다르다. 남성은 '상대방 여성의 장점을 재확인하고 더 잘 해준다.' 처럼 적극적인데 비하여, 여성은 '상대 남성의 결점을 찾으려고 눈치를 본다.' 와 같이 스스로 힘들게 만드는 행동을 한다.

　연애 감정은 운명적이라고 느끼는 만남 말고도 다른 계기로 생기는 경우도 많다. 예를 들면, 친구들과 특정 이성에 대하여 여러 가지 소소한 이야기를 나누는 동안에 기분이 고조되어 내가 상대방에게 연애감정이 있다고 깨닫는 경우도 자주 있다. 그러나 실제로는 '깨달았다.' 라기보다는 친구와 두런두런 이야기를 나누는 동안에 '생겼다.' 고 보는 편이 옳다. '상대방의 마음을 알게 되었다.' 고 하기보다는 '내가 멋대로 그렇게 생각했다.' 고 하는 편이 맞을 것이다.

이성 친구에게 애인이 생기자 비로소 그 친구를 사랑하고 있다는 사실을 깨달았다는 이야기도 있지만, 이것도 내 마음대로 생각한 것에 불과하다.

동성친구에게 애인이 생긴 경우에도, 마찬가지로 조금은 쓸쓸한 기분이 들게 된다. 이러한 상황이 이성 친구에게 벌어지면 '내가 왜 이렇게 쓸쓸하지? 혹시 그 애를 사랑하고 있었나?' 라는 생각을 하게 되고 질투심이 생기기 시작한다. 이것이 본격적인 사랑의 시발점이다.

조금 실망했을지도 모르겠다. 그러나 심리적인 오해나 착각 속에서도 연애 감정이 싹튼다면 그것도 그 나름대로 운명적이라고 할 수 있을 것이다.

연애 감정은 운명적이라고 느끼는 만남 말고도 다른 계기로 생기는 경우도 많다.

13 표정에서 마음 읽기

마음의 변화는 얼굴로도 나타난다. 상대방이 지금 어떠한 감정 상태에 있는지를 그 사람의 표정을 보고 판단할 수 있는 것이다. 그러나 상대방의 표정이나 태도가 '말'과 마찬가지로 자신의 진짜 감정을 살짝 바꾼 형태로 표현되는 경우도 많다.

근황에 대해서 물으면 어떤 친구는 '너무 바빠서 정신이 없을 지경이야.'라고 하면서 눈살을 찌푸리면서도 별로 싫어하지 않는 표정을 짓는다. 이때 그의 본심은 '정신이 없을 만큼 바쁘게 생활할 정도로 나는 중요한 일을 하는 지위에 있다.'는 것을 전하고 싶어 하는 것이다. 당신은 그런 친구에게 '자네 지금 엄청 쪼들리고 있군.'이라고 말해주고 싶은 생각이 간절할 것이다.

그와는 반대로 자기감정의 변화를 얼굴에 나타내지 않는 소위 포커페이스(무표정을 가장한 얼굴) 형이 있다. 얼마 전, 어느 프로야구 선수가 '투수는 포커페이스이므로 그 구질을 읽기가 너무 어렵다.' 라고 인터뷰한 적이 있다. 사실 마음의 변화를 겉으로 나타내지 않으면, 상대방이 도대체 무엇을 생각하고 있는지 파악하기 어려울 뿐 아니라 기분까지 나빠지기도 한다.

전혀 모르는 사람한테서 전화가 걸려왔을 경우에도 기분이 나쁜 건 마찬가지이다. 말은 들을 수 있지만 모르는 사람이 얼굴도 보이지 않기 때문에 그 마음을 읽을 수 없어서이다.

이처럼 우리들은 말뿐 아니라 상대방의 표정이나 태도로도 그 사람의 마음을 읽을 수가 있다.

그러면 상대방의 태도나 표정에서 읽어낼 수 있는 독심술에 대하여 알아보도록 하자. 어떤 유명인사는 강연회에서 앞좌석에 앉아 있는 두세 명의 주부가 그의 한마디 한마디에 고개를 끄덕이는 통에 대단히 곤혹스러웠다고 말한 적이 있다.

그런 주부들의 모습은 텔레비전 와이드 쇼에서도 흔히 볼 수 있다. 그 주부들이 동작이 자기 의견에 공감을 표하는 것으로 받아들인다면 강연자는 매우 만족스러운 미소를 짓는다. 그러나 그런 행동은 실제로 상대방에게 자신의 존재를 확인시키고 싶다는 무의식의 욕구에 의해 자기도 모르게 나온 몸짓인 경우가 많다.

초등학교나 유치원에 다니는 아이들은 선생님이나 어머니의 말 한마디 한마디에 곧잘 고개를 끄덕이곤 하는 경우를 볼 수 있다. 이것 또한 어린이가 어머니나 선생님에게 좋은 인상을 주거나 귀여움을 받고 싶거나 자신이 영리한 아이임을 보여주기 위한 행위이다.

  이러한 사실로 미뤄 볼 때, 와이드 쇼에 참석한 주부들은 어려서부터 몸에 밴 태도, 즉 타인에 대한 의존이나 응석이라는 성숙되지 못한 무의식적인 욕구를 현실의 일상에까지 끌어 들이고 있는 셈이다.

마음의 변화는 얼굴로도 나타난다. 상대방이 지금 어떠한 감정 상태에 있는지를 그 사람의 표정을 보고 판단할 수 있는 것이다.

14 말에서 마음 읽기

'말은 의사를 전달하는 하나의 도구이다. 말을 통해 그 사람의 의지나 기분 등을 알 수 있는 것이다. 이런 점에서 독심술은 말을 분석하는 일로부터 시작된다고 할 수 있겠다.

말은 본인의 생각을 상대방에게 전달하고자 하는 의지이고, 그 의지가 겉으로 표명된 것이나 다름없다. 그런데 이때도 어김없이 그 사람의 의식 내부에서 방어기제가 작동하여, 자신의 충동이나 욕구 등의 감정을 수식·가공할 때가 많다.

그렇게 되면 본심이 아닌 겉치레로 하는 말이 전달되고 만다. 그다지 친하지 않은 사람과 모처럼 만났을 때, '다음에 식사나 한번 하자.' 또는 '한 번 놀러와.' 라고 하는 경우가 사교적인 겉치레 말의 전형이다.

겉치레에 불과한 인사말을 곧이곧대로 받아들여 어슬렁어슬렁 상대방의 집을 방문하는 사람을 보통 눈치 없는 사람, 좋게 말해서 호인이라고 한다.

겉치레 말을 하는 사람의 내면에는 '탐탁치 않은 사람과 만나서 입장이 난처하다. 빨리 빠져나가고 싶다.' 라는 충동이 있는 것이다. 자신의 그런 마음을 들킬지도 모른다는 불안과 공포 때문에 무의식적으로 안정장치(방어기제)를 조작함으로써 본심과는 정반대의 친절한 말을 건내는 것이다.

이러한 심리 현상을 '반동형성' 이라고 부른다. 이 반동형성은 본심의 충동(앞의 경우에서는 만나고 싶지 않다는 충동)을 억압한다 하더라도 그 충동이 너무 강하기 때문에 좀처럼 제어되지 않는다. '겉으로는 정중한 듯하면서도 실은 무례하다.' 든가 '지나치게 공손하다.' 는 식으로 본인이 충분히 감지한 상태에서 행동할 때에는 하나의 책략이 될 수도 있겠지만, 그렇지 않은 경우라면 거의 모든 것을 반동형성으로 봐도 좋을 것이다.

앞에서 '말' 에 의해서 그 사람의 의지나 기분을 알 수 있다고 했다. 이는 상대의 '말' 을 있는 그대로 받아들이는 경우뿐 아니라, '왜 그런 말을 했을까?' 하며 분석함으로써 그 사람의 마음을 정확히 읽을 수가 있다는 뜻이다.

서양 사람들은 가끔 '동양인들은 무엇을 생각하고 있는지 그 마음을 헤아리기 어렵다.' 라고 말한다. 두 말할 것 없이 이는 문화와 풍토의 차이에 기인한다. 겉치레보다는 본심을 드러내도록 훈련된 그들로서는, 좀체 본심을 드러내지 않는 동양인들을 이해하기 어려운 것이다. 이렇게 동양인과 서양인의 행동 양식은 방어기제의 작용에서부터 크게 차이가 나는 셈이다.

말은 본인의 생각을 상대방에게 전달하고자 하는 의지이고, 그 의지가 겉으로 표명된 것이나 다름없다.

15. 연인은 닮았다?

다른 누군가를 좋아하게 되는 이유 중 하나가 '자신과 닮은 사고방식이나 가치관을 갖고 있다.'는 점이다. 자신과 닮은 사람을 왜 좋아하게 될까? 우선 사람은 자신의 정당성을 확증하려는 경향이 있기 때문이다. 이것을 '일치적 타당성'이라고 한다.

나와 닮은 사람은 나와 똑같은 판단을 하여 현재에 도달한 사람이기 때문에, 몸소 내 의견이나 결단의 타당성을 보증해 주며 '나의 판단이 옳았다.'는 확신을 갖게 하는 존재인 것이다. 오랜 기간 사귄 커플이나 부부는 서로에게 일치적 타당성을 부여하고, 그로 인해 서로에게 안심하는 존재가 된다. 자기 선택에 자신을 가지면서 점차 닮은 모습을 만들어가게 되는 것이다.

닮은 사람을 좋아하면 쓸데없는 걱정이나 시행착오가 줄어든다는 장점이 있다. 부부사이의 옷차림에 대한 기호를 생각해 보자. 사귄지 얼마 안 되었을 때는 서로가 선호하는 옷차림에 대한 정보가 없어서 고심 끝에 선물한 옷의 색깔이 마음에 들지 않는다고, 모처럼 사온 옷을 입어보지도 않는 경우가 있을 수 있다. 상대방이 어떤 것을 좋아하는지 짐작조차 하지 못하는 상태인 것이다.

그러던 두 사람이 차츰 서로를 알게 되면 처음에 했던 다양한 시도들이 예상을 빗나갈 위험이 있다는 사실을 깨닫고, 상대방이 좋아하는 것은 물론이고 자신도 마음에 드는 옷만을 사는 것이다. 결국 두 사람이 공통으로 좋아하는 것들만 남게 되고, 남들에게는 '두 사람(부부나 연인)이 참 비슷하게 생겼다.'고 인식되는 것이다.

나와 닮은 사람은 나와 똑같은 판단을 하여 현재에 도달한 사람이기 때문에, 몸소 내 의견이나 결단의 타당성을 보증해 주며 '나의 판단이 옳았다.'는 확신을 갖게 하는 존재인 것이다.

로미오와 줄리엣 효과

　두 사람 사이가 방해를 받으면, 연애 감정이 더욱 고조되는 경우가 있다. 부모님이나 친구들에게 '저런 사람은 그만 만나는 게 좋아.' 라는 말을 들으면, 그와는 반대로 더욱 불타오르게 되는 바로 그 감정 말이다. 이것을 '로미오와 줄리엣 효과'라고 한다. 이 두 사람도 주위의 심한 반대에 부딪혔다는 이야기는 잘 알려져 있으니, 거기에서 유래한 명칭이다.

　타인에게 자신의 연애를 방해받으면 '왜 우리 사이를 이해해 주지 않는 거야!' 라며 화를 내거나 흥분하게 된다. 이러한 흥분 상태가 두근거리는 실제 원인인데도, '가슴이 떨리는 것을 보니 내가 이 사람을 많이 좋아하나 보다.' 라고 하면서 그 떨림을 사랑의 울림으로 착각해 버린다.

　이것이 바로 심리학에서 '착오 귀속' 이라고 부르는 상태이다. 주위의 반대를 받고 있는 사람은 화를 내면 낼수록, 그 사랑도 점점 더 불타오르게 되는 것이다.

그러다가 그 반대가 없어지면 흥분 상태도 가라앉고, 사랑하는 마음도 식었다고 생각한다. 흥분이 최고조인 상태에서도 서로를 원하고, 흔들림 없는 사랑을 확인할 수만 있다면 별 문제 없겠지만 말이다. 또한 그 주위 사람들도 무조건 "그만둬!"라고 말하면 역효과가 난다는 사실을 잘 알고 있을 것이다.

이러한 로미오와 줄리엣 효과는 불륜이나 바람을 피우고 있는 남녀에게 해당된다. 만약 바람을 피우고 있는 파트너가 본인의 곁으로 돌아오기를 바란다면 소란을 피우는 것은 역효과가 날 수 있으니 간곡히 그만두라고 부탁하고 싶다. 그리고 심하게 반대를 하게 되면 심리적 반응도 작용한다. 즉 "무슨 일이 있어도 만나서는 안 돼!"라고 하면서 선택의 여지를 박탈하면, 반대로 자신의 자유를 회복하려고 화를 내게 되니 주의하자.

두 사람 사이가 방해를 받으면, 연애 감정이 더욱 고조되는 경우가 있다. 부모님이나 친구들에게 '저런 사람은 그만 만나는 게 좋아.'라는 말을 들으면, 감정이 더욱 불타오르게 된다.

17 이상형과 다른 스타일을 만나는 이유

'어? 저런 타입은 별로 안 좋아한다고 그러더니 ….' 연애를 하는 사람이 이런 얘기를 듣는 상황을 흔히 볼 수 있다. 이런 사람들에 대하여 보통은 말과 행동이 일치하지 않는다든지, 경솔하다고 생각할 수도 있다. 그러나 실상은 그렇지도 않다. 내가 좋아하는 타입은 아니지만 그쪽이 나를 좋아하게 되는 경우가 있다.

이상형은 아니더라도 누군가의 사랑을 받으면, 상대방으로 인해 자신을 높일 수도, 만족감을 얻을 수도 있다. 심리학자 A. H. 매슬로 박사가 말한 바 있는 '승인의 욕구'가 충족되는 것이다.

매슬로 박사는 '의식주가 충족되면, 다음 욕구를 생각하게 된다.'라는 욕구의 5단계 설을 제시한 것으로 유명한데, 이 중에 승인의 욕구가 있다. 일상생활이 문제없이 잘 돌아가면 다른 욕구가 생긴다.

승인의 욕구(=인정받고 싶다는 욕망)도 그 중 하나이다. 자신을 좋아해 주는 사람은 그 욕구와 바람을 충족시켜 주며 안정감과 행복감을 가져다주기 때문에, 본인도 그 사람을 좋아하게 되는 것이다.

게다가 상대방이 내게 반했다는 약점을 쥐고서 상대방으로부터 막대한 서비스를 받아내고 있을지도 모른다. 따라서 내 이상형은 아니더라도 내가 상대방의 이상형이 될 수 있다면 그 상대방과 사귀게 되는 것이다.

드문 일이긴 하지만, 스스로 '전혀 내 타입이 아니야.' 라고 생각하면서도 좋아하게 되는 경우가 있다. 오랜 시간을 함께 지내다 보니 상대방이 의외로 본인의 타입임을 깨달았거나, 스스로에 대해 잘 파악하지 못하던 사람이 상대방으로 인해 새로운 자아를 끌어냈던 것이라고 할 수 있다.

이상형은 아니더라도 누군가의 사랑을 받으면, 상대방으로 인해 자신을 높일 수도, 만족감을 얻을 수도 있다.

PART III

연애, 기술이 필요하다

이제 기술을 발휘할 때다. 연애 경험이 몇 번인지는 중요한 것이 아니다. '글로 배운 연애'가 막무가내로 밀어붙이는 일방적인 사랑을 하는 사람의 기술을 능가할 수도 있다. 학습을 통한 연애 기술도 반드시 필요한 것이다. 실전에서 이를 잘 적용한 후에 연애에 성공했다면 당당하게 자랑해도 좋다. "나는 연애를 글로 배웠다!"

01 연애의 지속성은 무엇으로 결정될까

쇼핑을 생각해 보자. 정말로 사고 싶었던 물건은 바로 사지만, 사고 싶은 욕구가 그 정도로 높지 않을 때는 '가격이 조금 내리면 사야지.'라든가 '사이즈가 좀 더 적은 게 있으면 좋았을 텐데.' 라고 하면서 살 수 없는 이유를 대다가 결국은 사지 않곤 한다.

이와 마찬가지로 연애에서도 오랫동안 봐 온 상대보다는 첫눈에 반한 상대가 '기다리고 기다리던' 사람이라고 생각하게 된다. 그러나 첫눈에 반해서 시작한 연애는 시간이 지날수록 문제가 발생하는 경향이 있다. 왜냐하면 첫눈에 반해서 만나게 된 사이는 첫인상이 최고인 경우가 많아서 사귀는 동안에 '외모로 상상했던 것과 실제 성격과는 차이가 있구나.' 라고 생각하게 되기 때문이다.

또한 두 사람이 한꺼번에 첫눈에 반하기는 힘든 일이다. 대체로 어느 한쪽이 열렬하게 밀어붙이는 형태로 연애가 시작되는 것이다. 그래서 사랑을 주는 약자와 사랑을 받는 강자의 불공평한 관계가 처음부터 형성되고 지속되게 된다.

연애를 시작할 때 시간을 들일 것인가 말 것인가에 대한 문제의 하나로서, 성관계를 맺는 시기에 따라 만남의 지속성에 어떤 변화가 있다고 생각할 수도 있다.

심리학자 페프로 박사는 불특정 다수의 커플을 2년에 걸쳐서 조사한 끝에, 성관계를 맺는 시기와 연애 관계의 지속성 여부는 상관관계가 없다는 사실을 알아냈다.

연애 관계에 있어서도 만남을 오래 지속하고 싶다면 로맨틱한 감정이나 불타는 정열에만 의지하지 말고 상대방에 대하여 배려하는 마음을 갖는다든지 기본적인 예의를 지킴으로써, 관계 유지에 힘쓰는 편이 더욱 효과적일 것이다.

상대방에 대하여 배려하는 마음을 갖는다든지 기본적인 예의를 지킴으로써, 관계 유지에 힘쓰는 편이 연애를 오래 지속시키는 방법이다.

02 연애 감정이 식는 이유

인간은 친구나 가족 나아가 타인의 일에 대해서도 '왜 저런 행동을 했을까?'라며 궁금해 하고 그 속사정을 알고 싶어 한다. 또한 '틀림없이 이것 때문일 거야.'라든지 '저게 원인일 거야.'라며 추측도 한다. 이것을 심리학에서는 '귀속'이라고 한다.

자신의 행동 원인은 주변 상황이나 운, 타이밍과 같이 외부에서 찾으려고 하면서도, 타인의 행동 원인은 그 사람 자체의 인성에서 찾으려고 한다. 그런 태도는 불합리한 것으로 '귀속에서의 구체적 에러'라고 지칭된다.

예를 들면, 교통사고를 목격한 사람은 '저런 무모한 운전자가 있나?'라고 생각하지만, 만약 본인이 사고의 당사자였다면 '오늘은 하필 급한 용무가 있어서⋯.', '상대방이 부주의해서'라며 외부에서 그 원인을 구하려고 할 것이다. 자신이 취했던 행동에 대한 정보는 풍부하게 얻을 수 있기 때문에 그 원인도 외부로 돌리기 쉽다. 반면 타인에 대한 경우에는 관련 정보가 제한되므로, 그 원인을 그 사람 내부로 돌리는 것이다.

연인 사이의 얘기로 돌아가 보자. 연인들은 시간이 지나면서 상대방에 대한 정보를 많이 입수하게 된다. 그러면 상황을 냉정하게 판단하게 되므로, 연애 초기처럼 상대방의 모든 말과 행동을 상대방의 '훌륭한 인격'에 귀속하지 못하게 된다. 더욱이 초기의 모습이란 최선을 다한 두 사람이 서로를 매료시킨 최상의 상태이다.

시간이 지날수록 그러한 노력은 줄어든다. 그러한 현실이 계속 이어지면, 서로 '내가 잘못 봤구나. 처음 만났을 때만 그렇게 멋있게 보였던 거야.' 라면서 냉정하게 판단하게 된다. 열정이 식어 버리는 것이다.

자신의 행동 원인은 주변 상황이나 운, 타이밍과 같이 외부에서 찾으려고 하면서도, 타인의 행동 원인은 그 사람 자체의 인성에서 찾으려고 한다.

03 연애 감정을 일으키는 방법

 '현수교 효과'를 가리켜 심리학 용어로는 '착오 귀속'이라고 한다. 글자 그대로 연애 감정의 원인을 착각하여 좋아하지도 않는 상대를 원하게 되는 현상이다.
 현수교 효과란 긴장한 나머지 상대방을 좋아하지도 않으면서 '이렇게 가슴이 뛰는 이유는 눈앞에 있는 사람을 좋아하기 때문이다.' 라고 무의식적으로 생각해 버리는 것이다. 같은 효과를 가진 것으로 자주 비교되는 예가 도깨비나 제트코스터 등이다. 공포를 느껴서 심장이 빨리 뛸 때 나타나는 효과이다.
 문화제나 콘서트, 야구 경기 응원, 축제, 졸업식, 크리스마스, 새해 등과 같이 평소와는 다른 특별한 상황에 놓이게 되면, 상대방을 착각하게 함으로써 연애 감정을 갖게 만들 수 있다. 약속 시간을 정하고 만났을 때보다 길에서 우연히 마주쳤을 때의 애인이 더 매력적으로 보였던 경험을 해보았는가. 우연한 만남에서 오는 생리적 변화를 상대방에 대한 연애 감정으로 착오 귀속하는 것이다.

생각해 보면 가슴이 두근거리는 일이나 상황은 일상에도 주변에도 널려 있다. 좋아하는 사람이 있거나 최근에 권태기인 커플은 이 효과를 테스트해 보면 좋을 것이다.

문화제나 콘서트, 야구 경기 응원, 축제, 졸업식, 크리스마스, 새해 등과 같이 평소와는 다른 특별한 상황에 놓이게 되면, 상대방을 착각하게 함으로써 연애 감정을 갖게 만들 수 있다.

04. 연애고수와 연애하수의 차이

 상대방에게 환상을 갖게 되면 연애는 더욱 불타오르게 된다. 따라서 연애의 환상이 깨진 두 사람에 대하여, 예로부터 '부부싸움은 개도 건드리지 않는다.' 라고 해 왔던 것이다(배우자로부터의 폭력-가정폭력은 이와 별개로, 간과할 수 없는 문제이기는 하다).

 그래서 여기에서는 연애고수를 환상의 고수로, 연애하수를 환상의 하수로 정의해 보겠다. 인간에게는 많든 적든 자신이 세상사를 컨트롤할 수 있다고 믿는 '컨트롤 환상'이 있다. 다른 사람에게 양도받은 복권보다도 내가 직접 산 복권이 당첨될 가능성이 더 높다고 생각하는, 바로 그런 환상이다.

 현실을 있는 그대로 인식한다고 해서 특별히 나아질 것도 없으니, 환상을 갖고 적극적으로 살아갈 수 있다면 그것도 나름대로 괜찮다고 할 수 있다. 이때 '거짓말도 하나의 방편'이 될 수 있다.

'두 사람의 관계를 나한테 유리한 쪽으로 만들 자신이 있어.', '저 사람의 나쁜 버릇은 내가 고쳐놓을 거야.', '지금보다도 훨씬 더 매력적인 사람이 될 수 있어.' 와 같은 컨트롤 환상을 가진 사람들이 연애를 즐길 수 있으며, 주변에서도 그들을 연애고수로 부르는 것이다.

연애하수들은 컨트롤 환상을 갖고 있는지의 여부를 묻기 전에 연애 상대에게 컨트롤 환상 갖는 일 자체를 용납하지 않는다. 연애 상대의 본성을 의심한다거나, 다른 사람과 양다리를 걸치고 있지나 않을까, 혹은 나를 '진지하게', '진심으로' 사랑하는 걸까 라고 고민하며, 좌불안석하고 점점 더 불안해한다.

그러나 거짓이면 어떤가? 두 사람이 함께 즐거우면 그만인 것인데 말이다. 비록 그것이 환상이라고 해도 좋은 것이다. 한 번뿐인 인생, 즐겁게 살다 가면 되는 것이다. 이러한 긍정적인 생각이 연애에서는 중요하다.

인간에게는 많든 적든 자신이 세상사를 컨트롤할 수 있다고 믿는 '컨트롤 환상'이 있다.

05 연애를 못하는 사람의 콤플렉스

얼마 전에 피터팬 신드롬과 신데렐라 콤플렉스가 화제가 되었는데, 여기에 해당하는 사람들은 연애하기가 조금 힘들 것이라는 생각이 든다.

피터팬 신드롬이란 '영원히 소년으로 있고 싶다.' 라고 생각하는 남성들의 마음 상태를 말한다. 프라이드가 높은 반면에 경제적, 심리적으로 자립하지 못하고 오직 자기에게만 강한 것이 특징이다. 자기정체성을 확립하지 못했다기보다는 아예 확립할 생각이 없다.

신데렐라 콤플렉스의 경우는 왕자님과 결혼하여 자기정체성을 확립하려는 여성의 심리상태를 지칭한다. 여성이라는 사실을 심리적으로 매몰함으로써 영원히 소녀로 남으려는 것이다. 웬디는 미숙함에도 불구하고 '모성애' 를 발휘하여 누군가를 보살피는 일로 자신의 존재를 증명하였고, 또한 그것을 이성애와 혼동했다.

연애란 각자의 개성과 목표에 따라, 서로에게 바라는 게 있어서 서로에게 끌리는 것이다. 그러나 피터팬과 신데렐라에게는 자신감이라는 것이 없다. 자신감이 없는 상태에서는 누구를 사랑하면 좋을지도 확신하지 못하며, 상대방의 마음으로부터 우러나오는 사랑도 받을 수 없다. 누군가로부터 사랑받을 준비가 돼 있지 않기 때문이다.

'사람을 사랑'한다고 하는 피터팬과 신데렐라들은 결혼 상대자를 결정하는 일이 좀처럼 쉽지 않다. 결정할 때까지는 누구나 상관없다고 생각하다가도 막상 결정해 버리면 더 나은 상대가 나타날 것 같은 생각이 들기 때문이다.

피터팬과 신데렐라에게는 자신감이라는 것이 없다. 자신감이 없는 상태에서는 누구를 사랑하면 좋을지도 확신하지 못하며, 상대방의 마음으로부터 우러나오는 사랑도 받을 수 없다. 누군가로부터 사랑받을 준비가 돼 있지 않기 때문이다.

06 못하게 말리면 더 하고 싶어진다

 규율이 엄격한 학교를 다녔던 사람이라면 타인이 보지 않는 곳에서 담배를 피웠거나 몰래 영화관을 출입했을지도 모른다. 또한 지정된 교복이 있지만 어떤 옷을 입어도 상관하지 않는다는 학교의 방침이 있었다면 오히려 지정된 교복을 입고 학교를 다녔을 수도 있다. 이처럼 하지 말라고 말리면 말릴수록 더 해 보고 싶은 것이 사람의 마음인 것 같다.
 이와 같은 인간의 심리를 잘 보여주는 사례가 앗슈모어의 실험이다. 어느 대학의 학생에게 부탁하여 강연회를 기획하도록 했다. 강연 주제는 '어떤 일이 있어도 경찰을 대학 구내에 불러들여서는 안 된다.'는 것이었다. 그리고 전교생에게 이 강연회의 날짜와 시간을 알려주도록 했다.
 한편 대학 당국에는 학생들이 이 강연회에 절대로 참석해서는 안 된다는 내용을 발표해 달라고 부탁했다. 며칠 후 강연회가 대학 당국에 의해 중지된 것을 알게 된 학생들을 대상으로 앙케트를 실시했다. 강연회 개최 사실을 알기 전에 비해 '경찰의 구내 진입을 반대한다.'는 의견이 압도적으로 늘어났다고 한다.

학생들은 대학 당국이 강연회를 중지시켰기 때문에 '그 강연회는 대단히 중요하고 영향력이 큰 강연회일지도 모른다.'는 확신으로 그 강의 가치를 평가했던 것이다.

이 실험만으로는 불충분하다고 생각했던 앗슈모어는 다른 대학을 설정하여 정반대의 입장으로 실험했다. 즉, '경찰을 대학 구내에 불러들여도 괜찮다.'는 주제로 강연회를 기획했다가 중지시켰던 것이다. 그런 다음 '경찰이 대학 구내에 들어오는 것을 어떻게 생각하느냐.'는 앙케트를 실시하였더니 '찬성한다.'는 의견이 대다수를 차지했다고 한다. 이 실험을 통해서 알 수 있는 사실은 어떤 일을 강자에 의해 금지당할 경우, 사람들은 그것을 더욱 매력적으로 느끼게 된다는 것이다. 이 실험에서 나타난 것처럼 사람들은 자신의 자유를 빼앗길 염려가 있다거나 또는 실제로 박탈당하게 되면 금지된 것을 굳이 하려고 하는 모습을 보인다.

어떤 일을 강자에 의해 금지당할 경우, 사람들은 그것을 더욱 매력적으로 느끼게 된다는 것이다.

07 질투에 대처하는 자세

　질투는 우정과 사랑을 나누는 가장 중요한 요소이다. 친구는 수가 많을수록 좋은 것이지만, 연인은 서로에게 유일한 존재일 때 가치가 있다. '상대방을 독점하고 싶어 하는 마음'은 극히 자연스러운 일이다. 그 때문에 연애는 마냥 즐거운 일만 있는 것이 아니다. 행복한 한편, 늘 상대방의 기분이 어떨까 신경을 쓰게 되고 불안이나 불신감에 휩싸이게 되기 때문이다.

　남성의 경우는 성적인 라이벌이 출현했다는 데서 질투심이 싹튼다. 이는 생물학적으로 부성의 불확실성과 관련되는 문제일 수도 있다. '이 아이가 정말로 내 아이일까?' 남성은 출산할 수 없으므로 2세에 대해 확신하거나 단정할 수 없다.

　내가 상대방에게 투자하고 있다는 생각이 들 경우엔, 별 것 아닌 일에도 질투를 하게 된다. 또한 라이벌이 나보다 못하다는 생각이 드는 경우에 질투심은 더욱 커지게 된다.

  질투에는 어떻게 대처하는 게 좋을까. 연애로 인한 질투에서는 대상행동(다른 일을 통한 기분 전환)이 나타나지 않는다. 질투심이 발생하면 남성은 지금까지보다 더 잘 해주려고 한다. 그러나 여성은 앙갚음하기 위해 다른 남성과 시시덕거리거나 연인의 결점을 찾아내는 데 골몰하는 등 완전히 상반되는 행동을 취한다.

  연애는 결혼과 다르다. 상대방을 옭아매지 않고 자유를 향유할 수 있다. 따라서 질투가 나더라도 지금 이대로가 좋다고 생각하는 커플도 꽤 많을 것이다.

  결혼은 사정이 다르다. 행동의 자유 반경은 남편이 훨씬 커서 남편의 바람 상대에게 아내가 질투하는 패턴이 대부분이다. 부부가 평등한 기회를 갖고 조건이 마련되면, 결혼 후에 연애 게임을 하듯이 서로 질투하는 것도 권태기에는 좋을 수도 있다.

연인은 서로에게 유일한 존재일 때 가치가 있다. '상대방을 독점하고 싶어 하는 마음'은 극히 자연스러운 일이다.

08 상호 의존하는 심리

'이 사람은 내가 없으면 안 돼.'라고 믿는 심리상태를 공의존(共依存)이라고 한다. 그 대표적인 예가 알코올 중독자의 가족이다. 그들은 환자가 되어버린 아버지나 형제를 보살펴 주는 일에서 자신의 정체성을 찾는다. 누군가를 돌보아 줌으로써 본인의 존재 의미를 증명하는 것이다.

상호 의존하는 시스템이 완성되었기 때문에, 상대방은 언제까지나 의지하려고만 하며, 알코올 중독 증세도 개선될 기미가 보이지 않는다. 즉 '이 사람은 내가 없으면 안 돼.'라고 말하고 다니는 사람들은 알고 보면 자신을 위해서 관계를 유지하고 있는 것일 뿐이다.

지금까지 헤어지지 않고 있는 데는 또 다른 이유가 있다. 그것은 비교의 문제이다. '내가 선택한 현재의 파트너'와의 만남을 앞으로도 이어가느냐 마느냐는 선택의 여지, 즉 다른 연애 대상이 있는지의 여부에 따라 달라진다.

 이것을 선택적 비교 수준이라고 한다. 특별히 만남을 계속 유지할 필요는 없는데도 다른 선택의 여지가 없으니 헤어지지 못하고, '이 정도 선에서 타협하자.'라는 식으로 만남을 이어가는 것이다.

 그러다가도 마음속 깊은 곳에서 헤어지고 싶다는 생각이 들면, 결국에는 헤어지게 된다. 일이나 다이어트에 실패하는 것도, 알고 보면 일이나 다이어트에 성공하겠다는 간절한 마음이 없기 때문이다. 이상에 가까워지기를 포기하고 있으니 실패하는 것이 당연하다.

 반대로 뭔가를 이루고 싶은 사람은 간절히 기도할 것이다. '성공하고 싶다!'라는 동기 부여가 되고 있다는 증거다. 대부분의 사람들은 동기 부여가 되면 그 꿈을 이루기 위한 일을 구체적으로 생각하고 실행으로 옮기게 되는 것이다.

타산적인 두 사람의 관계는 서로가 만나고 있으면서도 서로에게 마음이 멀어져 있는 관계이다.

09 연인이 이별하는 이유

　연인이나 반려자와 같은 관계에서는 너무 친밀하다 보니 오히려 어리광을 부리거나 무례한 행동을 하거나 혹은 상대방을 배려하지 않아서 싸움을 하게 된다. 그러나 싸울 정도로 사이가 좋다는 말이나 화가 바뀌어 복이 된다는 말도 있듯이, 싸움에도 생산적인 유익한 싸움과 이별로 연결되는 무익한 싸움이 있다.

　생산적인 싸움이란 지금까지 말하기 힘들었던 문제를 다루는 경우를 의미한다. 그 당시에는 불꽃이 튀더라도 시간이 지나고 보면 서로의 의견을 이해하고 받아들이며, 경우에 따라서는 싸울 때 주장하던 상대방의 의견과 자신의 의견이 완전히 뒤바뀌는 경우까지 있다.

　무익한 싸움은 의견 차이로 대립할 때 상대방에게 절망감을 안겨 주게 된다. 사람은 대부분 자신의 행동에 대해서는 본인 탓을 하기보다는 그 당시의 상황을 원인으로 돌리는 경우가 많다. 그러면서도 타인에 대해서는 인성을 탓하는 귀속의 기본적 에러가 있다.

　이것이 파트너와의 싸움에서, 싸움의 계기가 되는 일이나 행동 자체를 문제로 삼지 않고, 상대방의 존재 자체나 인격을 비난하는 것으로 나타난다. 그렇게 되면 공격을 받는 쪽은 '나는 뭘 해도 안 돼.', '변하는 건 무리야.' 라며 자포자기하게 된다. 이러한 관계 수복에 대한 무력감이 이별을 결심하게 만드는 것이다.

　두 사람의 관계를 지속하고 싶다면 싸움이라도 생산적이 되도록 처리하는 것이 바람직하다. 그러기 위해서는 상대방의 인격을 비난하지 말고 그 사람이 저지른 일(행동)만 비난하는 것이 좋다. '너는 어차피 ○○니까.' 라는 말투는 무익한 싸움의 전형이다.

사람은 대부분 자신의 행동에 대해서는 본인 탓을 하기보다는 그 당시의 상황을 원인으로 돌리는 경우가 많다.

10 인지적 불협화

    정열적인 연애를 단칼에 끝내고, 상대방과 헤어지기 위해서는 질릴 때까지 상대방을 나쁘게 생각하는 자세도 필요하다. 지금까지는 상대방을 멋있는 사람이라고 생각하고 정성을 다했다. 그리고 상대방도 정열을 바쳐 왔었다. 서로에게 너무 좋은 사이였다. 하지만 두 사람이 그 좋던 사이를 끊어야만 하는 상황이 되었다. 이러한 상태를 심리학에서는 '인지적 불협화(認知的 不協和)'라고 한다. 인간에게는 이렇게 조화하지 않는 2개의 상태(=불협화)를 없애려는 심리가 작용하게 되어 있다.

    헤어진 게 바꿀 수 없는 사실인 이상, 상대방을 나쁘게 생각하지 않으면 스스로 납득할 수 없는 것이다. 상대방을 진심으로 좋아하면 좋아할수록 이별을 고할 때는 강하게 자신을 납득시켜야 하며, 필요에 따라서는 강하게 상대방을 부정하지 않으면 안 된다.

많은 사람들이 스스로를 정당화하고 싶어서 자신이 나빴다고 인정하지 않고, 상대방을 나쁜 사람으로 만들어 버린다. 만약 본인의 실수를 미화하지 않고 인정했다면, 서로의 관계가 엉망이 되기는커녕 여전히 지속되었을지도 모른다.

〈바보의 벽〉이라는 책이 있다. 불협화를 갖고 있는 독자의 마음을 잘 짚어주는 책이다. 일반적으로 사람들은 아무리 애를 써도 의견이 맞지 않는 상대방에게는 '바보 같은 녀석'이라고 다그침으로써 불협화를 해결하곤 한다. 그러나 실제 원인은 본인의 설득력 부족일지도 모른다.

어리석은 사람은 나 자신일 수 있다. 불협화의 원인이 자신에게 내재돼 있다는 것을 깨닫게 되면 트러블도 줄어들 것이다.

사람의 마음은 쉽게 변하는 법이기 때문에 관계가 붕괴되기 전에 인지적 불협화를 해소하도록 노력해야 한다.

잘 헤어지는 방법

여성은 헤어지자고 마음먹은 상대에 대해서는 더 이상 '그가 없는 삶이란 상상할 수도 없어.' 라는 식의 의존을 하지 않는다. 감정적인 부분도 없어지니, 두근거리는 설렘도 거의 사라진 상태이다. 여성의 경우 '실리적인 사랑' 타입이 많아서 헤어짐이 매우 깔끔한 편이다. 남성으로서는 쓸데없는 저항은 그만두는 편이 좋을지도 모른다.

반대로 헤어지고 싶다면 그러한 면들을 청산하는 편이 좋을 수도 있다. 잊고 있던 선물을 준다거나 빌린 돈을 갚아버리면, 의외로 수월하게 헤어질 수 있다.

이별에 있어서 여성은 감정보다 현실을 문제로 삼는다. 그러나 남성은 '아름다움에 대한 사랑' 이나 '광기적인 사랑' 타입이 많아서, 여성의 입장에서 보면 좀처럼 헤어지기가 어려울 수도 있다. 남성들이 로맨스에 쉽게 빠지는 이유는 현실의 문제를 걱정할 필요가 없기 때문일지도 모른다. 여성이 생활 전반을 바꿔야 하는 것과는 달리 남성은 그런 사소한 문제는 생각하지 않으니 쉽게 사랑에 빠지는 것이다. 헤어지기 싫다고 집요하게 여성을 쫓아 다녀봤자 기다리는 것은 이별뿐, 현실에 눈을 돌려 얼른 관계를 끊는 편이 본인에게도 이득이다.

이별의 주도권은 여성이 쥐게 되는 경우가 많다. 두 사람 사이가 굉장히 좋을 때도 이별을 생각하는 여성은 꽤 많다. 특히 상대방이 '광기적인 사랑'의 소유자인 경우는 미안해하기는커녕 공포마저 느낀다.

그러한 상황에서 상대방이 로맨티스트라고 인정하기는 어렵겠지만, 시간을 들여서 조용히 상대방의 기분을 거스르지 않도록 해야 한다. 일방적으로 통고하지 말고 상대방도 이별의 과정에 관여하고 있다는 기분이 들게 함으로써, '합의' 이별이 되도록 하자.

이별에 있어서 여성은 감정보다 현실을 문제로 삼는다. 그러나 남성은 '아름다움에 대한 사랑'이나 '광기적인 사랑' 타입이 많아서, 여성의 입장에서 보면 좀처럼 헤어지기가 어려울 수도 있다.

12. 차인 충격에서 벗어나는 방법

"나는 왜 차였을까?"라고 심각하게 생각하지 않는 편이 좋다. 찼다 또는 차였다고 생각하는 근거는 별 것 아닌 게 대부분이다. 차인 것을 대단하게 여겨서 납득할 만한 이유를 생각하기 시작하면, 스스로를 비하하게 되고 자신감마저 상실할 수도 있다.

애인에게 차인 사람들은 대부분 '별 볼일 없는 녀석이었는데, 헤어져서 잘 됐다.'라고 생각하게 된다. 불협화를 극복하려는 것이다. 따라서 "헤어진 사람보다 더 좋은 사람을 만날 거야!"라고 생각하면서 즉시 행동을 개시하도록 하자.

이전에 사귀었던 사람을 통해서 축적한 스킬을 새로운 연인에게 시도해 보는 것이 좋다. 자신을 매력적으로 보이게 한다든지 상대방을 기쁘게 하는 스킬 중에는 본인이 깨닫지 못했을 뿐이지, 생각해 보면 스스로도 향상됐다는 생각이 들 만한 점들이 적잖게 있을 것이다.

차였을 때는 새로운 연인을 만드는 것이 가장 좋은 대처 방법이다. 특히 상대방을 찾으려고 하기보다는 상대방이 내게 관심을 갖도록 자극하는 방법이 현명하다. 상대방이 내게 관심을 보인다는 생각이 들면 자신을 가꾸도록 하자. 바뀐 모습은 지금의 연인과 헤어지더라도, 곧바로 다른 연인을 만들 수 있다는 자신감을 준다. 자신감이 생기면 신기하게도 연인과의 만남이 즐거워진다.

자신을 가꾸지 않는 사람은 자신감이 없기 때문이다. 그래서 애인이 있다 해도 불안한 기분에 자꾸 사로잡힌다. '저 사람은 정말로 나를 좋아하는 것일까?' 라고 불신하면 그 마음은 상대방에게 그대로 전해진다. 이렇게 되면 스스로 이별을 불렀다고 해도 과언이 아니다. 우선은 누군가에게 차였다고 해서 너무 놀라지 않도록 자신을 가꾸는 것이 제일 중요하다.

친한 친구에게 속을 털어놓거나 무언가를 배우는 것이 좋다. 새로운 친구를 만나거나 여행 등을 통해 새로운 경험을 하면 시야도 넓어지고 마음이 한결 가벼워진다.

연인들의 결혼에 관한 심리

　결혼이 가장 이상적이라고 생각되는 동기는 연애 감정이 점점 고조되어 '영원히 함께 있고 싶은' 마음이 드는 것이다. 그러나 현실에서 보면 이러한 계기는 별로 찾아볼 수 없고, '오랫동안 만났으니 어쩔 수 없지.'라는 식이 많은 듯하다.
　스스로 결정을 내리지 못하는 커플들을 최근에는 임신이 해결해 주는 경우가 증가하고 있다. 임신 후 결혼을 하는 '속도위반 결혼'이 급증하고 있으며, 이렇게 태어난 아이가 1980년에는 8명 중에 1명 정도였던 것이 2000년에는 4명 중에 1명의 비율이 되었다.
　대부분의 부부들은, 부인이 남편에게 경제적으로 의존하고 남편은 부인에게 가사, 육아, 본인의 시중을 맡긴다. 이렇게 되면 '연애결혼'이라고는 해도, 결국 서로 상대방이 없으면 살 수 없기 때문에 결혼했다는 말이 된다. 이러한 의미에서 결혼은 '서로 의존하기 위한 동기'

라고 할 수 있다. 그리고 게임처럼 즐기는 기분은 사라지게 된다. 아무래도 생활이 걸려 있기 때문이다.

그렇지 않고 '혼자서도 살아갈 수는 있지만' 두 사람이 함께라면 훨씬 재미있기 때문에 결혼하는 사이라면, 상대방과는 순수하게 즐기기 위한 관계라고 할 수 있다. 서로가 자립한 상태이고 여유가 있기 때문에, 마음의 건강에는 좋으리라고 생각된다.

연애 기간이 길어지면서, 이제는 안정을 찾고 싶다는 이유도 있을 것이다. 혹은 상대방에게 바라는 것이 보기만 해도 설레던 긴장감에서 안도감으로 변했을 때에 결혼하고 싶다는 생각을 할 수도 있을 것이다.

또한 주위의 친구들이 다들 결혼했기 때문에 '우리들도'라며 동조하는 기분도 없지는 않을 것이다. 그러나 그런 식으로 주변의 모임이나 사람에게 영향을 받아서 하는 결혼이 어떨는지는 상상에 맡기겠다.

결혼에 대한 자아 관여도가 낮아서 – 결혼에 대한 생각 자체가 미약해서 – 미혼자의 비율이 점차 증가하는 것이다.

14. 결혼 연령이 점점 높아지는 이유

　요즘 들어 결혼 연령이 대폭 상승하였다. 30~40대의 미혼율이 남녀 모두 상당히 높아지는 추세이다. 이러한 현상의 심리적 이유를 젊은 사람들의 도덕적 해이(Moratorium)로 설명할 수 있다. 양쪽 모두 결혼은 하고 싶어 하지만, 현실에서는 만나기 힘든 이상적인 상대만을 원하면서 결혼을 뒤로 미루는 상태인 것이다.
　상대방과 함께 성장하고 싶다는 자세가 돼 있지를 않고, 나 혼자만의 힘으로 성장할 수 있다는 생각에 빠져 '지금이 좋다.'고 고집을 부리고 있다는 느낌이 든다. 이러한 결혼 모라토리엄 현상 속에서는 함께 인생을 걸어가기 위한 동반자로서 적합한가의 여부가 누군가를 좋아하는 결정적 기준이 되지 않는다고 할 수 있다.
　현재의 자유로운 독신 생활을 잃고 싶지 않아서 이성과 깊은 관계를 맺으려고 하지 않는다. 같이 고생하거나, 서로 돕는 일이 모두 귀찮을 뿐이다. 또한 독신 남녀에게 결혼 상대자로서 중요하게 고려되는 조건을 묻는 조사들의 결과를 보면, 남녀 모두 90퍼센트 가까이 '인품'을 꼽는다. 그러나 한편으로는 남성들은 여성의 '외모'를 중시하고, 여성들은 남성들보다 까다로운 조건을 내세우기도 한다.

결혼 상대에 대한 조건이 까다롭더라도 결혼에 대한 생각이 강하다면 어려움을 함께 겪기를 다짐하며 결혼하려고 할 것이다. 그러나 결혼에 대한 자아 관여도가 낮아서 - 결혼에 대한 생각 자체가 미약해서 - 미혼자의 비율이 점차 증가하는 것이다. 결혼의 자아 관여도가 낮으면서도 상대방에게 요구하는 조건은 까다로운 것이다.

현재의 자유로운 독신 생활을 잃고 싶지 않아서 이성과 깊은 관계를 맺으려고 하지 않는다.

15 결혼에 실패하지 않기 위한 조건

　지금은 연애결혼 비중이 80퍼센트 이상 되지만, 좋아한다는 자체만으로 결혼 생활을 영위할 수 없다는 사실을 잊어서는 안 된다. 나름대로의 인생 설계가 있으면서도 그것을 전부 희생하면서 연애결혼을 한다고 한들 행복해지지는 않는다. 연애 감정이 최우선이어야 한다는 생각은 버리는 편이 현명하다. 연애 상대와 결혼하는 것은 행복한 일이지만, 결혼 생활은 처음부터 다시 시작이라는 자세가 필요하다. 또한 결혼한 후에 남편은 회사, 아내는 가정이라고 하는 서로의 역할에 의지하는 생활을 해서는 안 된다.
　일반적으로 집단 속에서 역할 분담은 집단생활을 원활하게 해 준다. 그러나 부부의 역할이 너무 고정되는 것은 문제가 있다. 밖에서 열심히 일을 해도 '당연' 하게 생각하고 집안일을 해도 '당연' 하게 생각한다면 함께 인생을 걸어간다는 감각이 둔화되어 상대방에게 감사하는 마음을 잊어버리게 된다. 그렇게 되지 않기 위해서는 매번 감사하는 마음을 말로 직접 표현하도록 하자. 사랑은 전하지 않으면 알 수가 없는 것이다.

'결혼 상대를 선택하는 사람은 다른 누구도 아닌 나 자신이다.' 라는 의식을 갖는 것도 중요하다. 결혼에 실패하게 되면 온통 상대방 탓만 하는데, 그런 상대방을 선택한 자신이 스스로 책임을 지는 자세가 필요하다. 자신은 물론이고 상대방도 결혼을 했을 때 여러 가지를 희생하고 투자했을 것이 분명하다. '결혼 생활은 자기 자신이 결정한 일' 이라며 결혼에 자아를 관여시킬 수 있다면 인연이 아닌 상대를 선택하게 된 자신은 훨씬 더 어리석었다고 생각하게 될 것이다. 그렇게 생각하고 싶지 않기 때문에 잘못되기 전에 당신은 노력했을 것이다. 그렇지 않으면, 상대방으로부터 자신이 비난받을 때도 똑같다. '당신과 인연이 아닌 나를 선택한 당신은 나보다도 더 나빠.' 라고 받아치는 기술을 몸에 익히도록 하자.

부부의 역할 분담에 의존하지 말고 서로에게 충실하면서 '고맙다'라는 감사의 마음을 직접 말로 전한다.

PART IV

연애, 심리학에 길을 묻다

연애를 많이 해 본 사람이라도, 자칭 연애의 달인이라 해도 알지 못하는 것은 있게 마련이다. 사람의 감정이 어떻게 움직이는지 그 사이에는 어떠한 심리가 있는 것인지는 알아서 해될 것이 없다. 이성끼리 주고받는 감정과 사랑과 섹스의 관계에 대해 우리는 모르는 것이 너무 많다. 실전에 강해지기 위해서는 적어도 머리로 먼저 알고는 있어야 하는 것 중 하나가 연애다.

01 자기 자신을 좋아하게 되거나 싫어하게 되는 때

우선 기본적으로 사람은 누구나 얼마만큼은 자기 자신을 좋아하고, 가치가 있는 인간이라고 생각하고 있다.

유아기에 '배가 고파서', '기저귀가 젖어 기분이 나빠져서' 울면 반드시 누군가가 와서 보살펴 주었다. 어린 시절부터 우리는 자신의 욕구가 충족되는 경험을 쌓음으로써, 세상에 대한 기본적인 신뢰감을 얻을 수 있다. 이 기본적 신뢰감이 자신에 대한 신뢰나 호의도 만드는 것이다.

단 '스스로에 대해 높이 평가하고 있다.' 자신에게 만족하고 있다'라는 자존심 문제에는 개인차가 있다. 자존심이 센 사람은 '스스로 자신을 칭찬할 줄 아는 사람이다. 누구나 칭찬을 받으면 기분이 좋아져서, 무엇인가 하려는 마음이 생기는데, 자신을 칭찬함으로써 자신을 격려하고 있는 것이다.

그러면, 똑같은 사람이라도 자기 자신을 좋아하거나, 싫어지는 이유는 무엇일까? 자신과 닮은 혹은 자신과 가까운 관계에 있는 타자와 비교함에 따라 자신에 대한 좋고 싫은 감정이 생기는 경우가 많은 것 같다.

대체로 사람은 자신보다 뒤떨어진 사람과 자신을 비교한다. 이것을 하향비교라고 하며, 이것으로 위로를 받고 안심한다. 반대로 자신보다 위에 있는 사람과 비교하는 것을 상향비교라고 하며, 자신이 뒤떨어져 있다는 사실을 자각하여 (비록, 낙담할 가능성은 있지만) 열심히 노력해야겠다는 동기를 마련해 주기도 한다. 또한 일본인 특유의 경향으로 새로운 관계에 있는 사람과 자신을 비교할 때, 자신을 비하한다.

단, 친한 친구와 자신을 묶어서 생각하는 경우, 다른 사람들보다도 훨씬 좋은 콤비라고 생각한다. 자신을 좋아할 수 있느냐 아니냐는 잘 맺어진 친구관계와 관련되어 있는 면도 있을 것이다.

자신과 닮은 혹은 자신과 가까운 관계에 있는 타자와 비교함에 따라 자신에 대한 좋고 싫은 감정이 생기는 경우가 많다.

02 인생의 집행유예는 언제까지나 계속될 수 있는 게 아니다

얼마 전부터 '모라토리움 인간'이라는 말이 사용되게 되었다. '모라토리움'이라는 것은 유예라는 의미인데, 대학을 졸업해도 굳이 취직하지 않고, 빈둥빈둥하며 지내거나, 대학에서 이렇다 할 의미도 없이 한 학기씩 거듭 졸업을 미루거나 하는 학생을 모라토리움 인간이라 부르고 있다.

그 배경에는 고도성장 시대가 끝나 악착같이 하지 않아도 남들처럼 살아갈 수 있다는 사회 상황 속에서 무턱대고 일해서 엘리트가 되어야 한다는 사고방식이 옛날만큼 받아들여지지 않는다는 사실이 있을 것이다.

분명히 모라토리움 인간은 고도성장 사회의 '낙오자'인지도 모른다. 그러나 심리학적으로 보면, 이것은 비교적 많은 사람에게 공통된 심리 경향이라고 할 수 있는 것 같다. 어떤 일을 시도해 보아 그게 제대로 되지 않으면 당연히 마음속에 욕구 불만이 일어나게 된다.

그러면 그때까지 해온 것을 모조리 치워 버리고 한 번 더 출발점에 돌아가서 시작하고 싶은 마음이 생긴다. 이런 마음은 누구에게나 한 번쯤 경험이 있지 않을까.

사람은 한 번 실패하면 다음에도 또 실패할지 모른다는 기분이 반드시 생겨나게 된다. 여기까지는 누구 할 것 없이 누구에게나 일어나는 현상이다. 그러나 도전의식이 강한 사람은 다음에 더 큰 실패, 즉 결정적인 파국이나 비극적인 결말을 예상해서, 그렇게 되는 것을 어떻게든 회피하려고 깊이 생각하는 것이다. 그 때문에 재도전을 몇 번이고 하려고 한다. 실패의 원인을 검토해서 조금 뒤로 돌아가서 다시 하거나, 실패 시점부터 또 다른 방법을 생각한다면 이야기는 이해되나, 그게 아니라 같은 방법, 수단으로 또다시 해보는 것이다. 그렇게 하면 문제의 근본적인 해결도 되지 않는 대신에 결정적인 파국을 맞이하는 경우도 없다.

앞에서 소개한 모라토리움 인간도 취직함으로써 자신이 확실하게 성공의 길을 걷는다는 보증이 없기―당연한 일이겠지만―때문에, 실패하는 게 두려운 나머지 당분간 취직을 미룬 채 두고 본다. 또는 4학년이 되면 싫든 좋든 취직하지 않고는 배길 수 없으니 그걸 회피, 즉 진급을 하지 않으면 취직이라는 장래의 불안 요인을 자신의 의식에서 일시적으로 배제할 수 있으니까 당분간은 안정을 도모할 수 있다는 심정이 무의식적으로 작용하고 있는 것이다.

03. 환경에 의해 감정이 생기는 것이 가능할까

감정이 사회생활의 행동 면이나, 사람에 대한 인상 형성과 기억과 같은 인지활동에 영향을 미치는 것을 기분 일치효과라고 한다.

사람은 의외로 순수한 데가 있어서, 좋은 기분이 되었을 때는 호의적인 판단을 하거나 즐거웠던 일을 떠올린다. 그것도 작은 일이 계기가 되는 경우가 많다. 예를 들면 아침에 하고 나온 헤어스타일이 흐트러지지 않고 예쁘게 고정되었을 때, 길에서 100원짜리 동전을 주웠을 때, 가게에서 마음에 드는 음악이 흘렀을 때 등, 아침부터 기분이 좋으면, 앞으로 일어날 일들도 좋은 방향으로 연결될 것이라는 사실을 자신도 잘 알고 있기 때문이다.

반대로 기분이 나쁠 때는 심난한 비평을 하거나 잊고 있던 싫은 일을 떠올리기도 한다. 사실은 별것 아닌 일처럼 보이는 일이라도, 그 후의 행동이나 생각에 영향을 미치기 때문이다.

단, 기분이 좋을 때는 스테레오 타입적인 경솔한 판단을 내리는 경향이 있으며, 반대로 기분이 나쁠 때는 왜 그런 행동을 했을까 분석을 하게 된다. 따라서 즐거워서 흥분한 상태일 때는 자신의 생각에 의지하여 즉석에서 판단을 내리지 않도록 주의할 필요가 있다.

그런데 연애하는 장면에서는 기분 일치효과를 잘 찾아 볼 수 있다. 예를 들면, 친구의 결혼 피로연에서 처음 만난 사람과 사귀는 것은 자주 경험하게 되는 패턴이다.

행복한 분위기가 처음 만난 상대의 인상을 좋게 만들기 때문이다. 데이트를 할 때도 이러한 기분 일치효과를 이용하여 아무렇지도 않은 척 좋은 무드를 연출해 내면 효과가 매우 크다.

그윽한 향기가 나는 향수나 카스테레오에서 흐르는 음악, 세련된 레스토랑에서의 식사 등이 기분 일치효과를 나타내는 데 도움이 될 것이다.

즐거워서 흥분한 상태일 때는 자신의 생각에 의지하여 즉석에서 판단을 내리지 않도록 주의할 필요가 있다.

04 사람을 잘 사귀는 사람과 못 사귀는 사람의 차이

　일반적으로는 선천적으로 사교성이 있느냐 없느냐의 문제로 인식되고 있지만, 실은 그렇지 않다. 사람을 잘 사귀느냐 못 사귀냐는 '사회적 스킬'이다. 즉, 훈련에 의해 익힐 수 있는 기술인 것이다.
　이러한 사회적 스킬은 다양한 인간관계를 맺음으로써 닦을 수 있다. 어린 시절부터 최대한 많은 사람과 관계를 맺는 것이 장래에 도움이 된다. 물론 이러한 스킬은 어른이 된 후에도 키울 수 있다. 특히 취직한 후에 인간관계 만들기가 본격적으로 시작되는 경향이 있다.
　요즘은 학창시절에 경어의 쓰임새를 제대로 익히기 힘들 것이다. 그래서 어떤 식으로 주의하면 좋을지는 물론이고 세상 돌아가는 이야기 하나도 제대로 할 수 없는 사람이 많다.
　조금이라도 나이 차이가 있는 분들과 이야기를 하면 어떻게 말해야 할지를 몰라서 '집단 내 자폐'라고도 불리게 된다. 이것은 지극히 제한된 사람들밖에는 인간관계를 갖지 않았기 때문이다.

자신과 비슷한 사람들하고만 어울리는 것은 자문 자답하고 있는 것과 마찬가지이다. 따라서 재미는 있을지 모르지만, 스킬은 익힐 수 없다. 다양한 세대와, 다양한 타입의 사람과 접하지 않으면 스킬 향상은 이루어지지 않는다.

또 하나의 차이는 상대방에 대한 요구 수준의 높고 낮음의 차이일 것이다. 상대방에게 바라는 것이 많거나 혹은 어려운 일을 자주 부탁하는 사람과 잘 지낼 수 있는 사람들을 매우 한정되어 있다. 이와 같이 콧대가 높은 타입은 옆에서 보기에도 사람을 잘 사귀지 못한다는 것을 알 수 있다.

이러한 사회적 스킬은 다양한 인간관계를 맺음으로써 닦을 수 있다. 어린 시절부터 최대한 많은 사람과 관계를 맺는 것이 장래에 도움이 된다.

05 짝사랑은 과연 슬프기만 할까

짝사랑은 결국 어느 한쪽의 아픔이 따르게 마련이다. 그러나 그것이 아픔으로 끝나느냐 행복의 연장선상에서 이어지느냐는 짝사랑 주체의 마음가짐에 따라 달라진다. 거기엔 언젠가는 상대방의 마음을 얻고 말겠다는 목표가 따르기도 하고 혼자 아름답게 간직하고 싶다는 능동적 체념이 전제로 주어지기도 한다. 어떤 쪽이든 결론은 쌍방형 사랑이 아니라는 공통점이 있다.

짝사랑은 얼마나 성숙한 마음으로 짝사랑을 유지하느냐가 매우 중요하다. 짝사랑에 임하는 사랑 주체가 조심할 것은 되돌아오지 않는 사랑이라 해서 너무 좌절하거나 상처를 입지 말아야 한다는 것이다. 물론 그것이 마음대로 될 일은 아니다. 그렇지만 깊이와 넓이는 분명 다르다는 것에 초점을 맞춰야 할 필요가 있다. 감정이 깊을수록 사랑도 큰 것은 아니기 때문이다. 또한 사랑은 반드시 이루어야만 하는 것은 아니라는 점을 잊지 않는다면 짝사랑이 아프기만 한 감정은 아니라는 결론에 이를 수 있다. 어느 한 편만의 일방적인 감정에 불과하더라도 감정의 완전함, 그 감정을 유지하는 마음가짐의 순수함만으로 그 사랑은 완전한 사랑이 될 수 있는 것이다. 그런 점에서 짝사랑은 어떤 이유에서건 이루어지지 않는다는 것에 피할 수 없는 매력이 있다.

진정한 사랑은 스스로 자기 마음을 컨트롤할 수 있는 것에서 성립한다. 자기 제어가 불가능한 정도의 감정이라면 그것은 집착으로 변질되기 쉽다. 집착이 심하면 스토커가 될 확률이 높다. 집착은 본인에게도, 상대방에게도 결코 좋은 영향을 미치지 못한다. 건강한 사랑을 이어가기 위해서는 짝사랑을 하는 사람은 물론이고, 쌍방형 사랑을 나누는 사람도 감정과 이성의 접점에서 자신의 마음가짐과 행동을 절제하는 중요하지 않을 수 없다.

짝사랑은 얼마나 성숙한 마음으로 짝사랑을 유지하느냐가 매우 중요하다. 짝사랑에 임하는 사랑 주체가 조심할 것은 되돌아오지 않는 사랑이라 해서 너무 좌절하거나 상처를 입지 말아야 한다는 것이다.

06 '스토커'의 심리상태는 어떨까?

스토커(stalker)의 원래 의미는 '살그머니 다가가는 사람'이지만, 최근에는 '연애(하고 싶은)상대가 싫다고 하는데도 아랑곳하지 않고, 집요하게 따라다니는 사람'이라는 의미로 사용되고 있다. 본래의 목적인 연인 사이는 되지 못하고, 오로지 따라다니는 것 자체가 목적이 된다. 상대방이 어떻게 생각하든 자신이 노력하는 모습밖에 보지 않고, 거기에 자아 도취된 단순한 범죄 행동이다.

스토커들은 나르시즘(=자기애自己愛)이 강하다고 볼 수 있다. 자기애가 강한 사람들은 자기현시적이며, 과대적, 자기중심적, 공감결여, 착취적인 특징이 있다. 자신이 제일 좋아한다고 생각한 나머지, 주변을 전혀 개의치 않는 행동을 취한다. 특히 다른 사람의 반응을 이용하여, 자신의 존재를 과시하고 자존심을 세우려고 한다. 따라서 짝사랑의 상대도 자신의 자존심을 만족시키기 위한 도구에 불과하다.

자기애가 강한 사람들이 상대방을 좋아하면서도 괴롭히는 이유는, 사실은 친밀한 관계가 되기를 마음속으로 바라지 않기 때문이다. 자기애가 강한 사람들은 프라이드가 매우 높은 데 비해, 실제로는 스스로 자신감이 없다는 사실을 잘 알고 있다. 그 때문에 친밀해지면 상대방이 실망할까 봐 불안해한다.

이러한 연애타입은 '광기적인 사랑'을 하는 경향이 강하다는 특징이 있다. 연인을 지배하고 자기 생각대로 조종함으로써, 불안감을 해소하려고 한다.

자기애가 강한 사람은 실제로 사귀는 연인으로부터 '처음 만났을 때는 좋았는데, 거짓말도 잘하고 점점 태도가 변한다', '자기 멋대로 한다' 같은 불평을 유발한다. 그들에게는 연애가 지배욕과 프라이드를 채우기 위한 수단에 불과하다는 결론도 도출해 볼 수 있다.

스토커들은 나르시즘(=자기애自己愛)이 강하다고 볼 수 있다. 자기애가 강한 사람들은 자기현시적이며, 과대적, 자기중심적, 공감결여, 착취적인 특징이 있다.

07 모르는 사람과 연애가 가능할까?

요즘은 얼굴도 모르는 사람과 이메일이나 채팅으로 사귀는 것이 드문 일도 아니다. '메일이나 채팅을 통한 사람'이라는 조건이 붙은 상대임에도 불구하고, 그것이 마치 진실한 연애상대인 것처럼 생각하는 사람도 많은 것이 사실이다.

그러나 이것은 어디까지나 버추얼 리얼리티(virtual reality), 즉 가상현실에서의 사람이다. 거기에 있는 것은 그 사람 자체가 아니라 그 사람이 내놓은 정보로부터 완성한 자신의 상상에 불과하다. 그 사실을 알고 난 후, 자신이 상상했던 인물과 연애하는 것은 자유이다.

그러나 그것은 어디까지나 자신이 만들어 낸 인물상이라는 것을 마음에 새길 필요가 있다. 인간관계는 사람과 사람의 관계를 기본으로 하는데, 연애 역시 이메일이나 채팅을 통해 행해지는 연애는 '유사 연애'에 불과하다. 유사 연애에서는 모든 상황을 자기가 원하는 대로 상상하고 마음대로 환경을 만들어 가기 때문에 관계를 허물어뜨리거나 서로 상처를 주는 요인이 많지 않다.

이런 경우에는 가상 세계와 현실의 경계가 애매해지기 쉽다.

만화나 영화에서는 현실에서 보기 힘든 인물상을 자주 볼 수 있다. 그러나 유사 연애, 즉 가상 연애에 너무 깊이 빠지거나 익숙해진다면 실제 인물과의 연애에서 힘든 문제가 발생할 수 있다. 일방적인 연애가 익숙한 가상 연애와는 달리, 실제 연애, 즉 '상호 연애'는 자기가 원하지 않는 상황이 발생할 수도 있고 원하지 않는 방향대로 흘러갈 수도 있다. 또한 자신이 원하지 않는 행동을 해야 할 때도 많다.

가상 연애는 상호 연애에서 수없이 실패를 경험한 사람이 아니고서는 굳이 할 필요가 없다. 혹은 어떠한 심리적 불안이나 환경 개선을 목적으로 가상 연애가 필요한 사람이 있을 때는 좋은 효과를 얻을 수 있다. 자신감이 너무 부족한 사람이라든가 의사 결정 능력이 약한 사람에게는 가상 연애를 통한 자신감 회복, 능동적 행동을 위한 성격 개선 등이 필요하기 때문이다.

그러나 여기서 중요한 것은, 가상 연애가 어디까지나 말 그대로 '가상'이라는 점을 항상 인지하고 있어야 한다는 것이다. 가상이라는 사실을 잘 알고 그것을 즐기고 있다면, 그것은 하나의 연습, 유희에 불과하다. 현실과 가상의 구별을 혼동한다면 실제 현실에서 인간 관계를 경험할 때 깊은 혼란에 빠지고 실제 연애를 할 때 오래 유지하지 못하고 실패할 확률이 높다.

08 소꿉친구가 이성으로 다가올 수 있을까

여자아이에게 초경이 오거나, 남자아이에게 변성기와 몽정이 시작되는 혹은 남녀 모두 어른의 체형으로 변해가는 현상을 제2차 성장이라고 한다. 이와 같은 변화가 나타나는 시기를 사춘기라고 하는데, 이 시기는 신체의 변화와 더불어 '인격의 개체제화'가 일어난다. 과장되게 말하면 청년기 전후에 '사람이 변한 것처럼' 달라지게 된다.

인격의 개체제화는 주변 사람들이 본인을 바라보는 눈이 달라짐에 따라 촉진된다. 즉 '자신이 사람들에게 어떻게 비치는가'를 단서로 본인이 자신을 바꾸게 되는 것이다. 타인은 나를 비추는 거울 역할을 한다.

소꿉친구 시절 좋아하는 감정이 생겼던 타입이라 해도, 제2차 성장 이후에는 그러한 스타일에 전혀 관심이 없을 수도 있다. 또는 초등학생 시절에 연애 감정이 없었던 상대인데 남자답게 변한 모습, 여자답게 변한 모습을 보고 연애 감정을 느끼는 경우도 있다. 가끔은 어릴 때 이성적인 감정을 느꼈다가 사춘기, 청년기를 거친 후에까지 같은 사람에게 여전한 매력을 느낄 수도 있다.

때때로 초등학교 동창과 결혼을 하는 커플이 주변에 꽤 있는 것도 사춘기 시절을 겪은 후에 누구나 자기 나름의 성적 매력이 더해지기 때문이다. 집이 가깝다거나 학교가 같다면 경험해 온 일이나 공통점도 많아서 연애 관계가 싹트는 계기도 많은 것 같다.

그렇다면 소꿉친구가 아니더라도 좋아하게 되는 상대는 나와 가까운 곳에 있는 경우가 많다고 볼 수 있겠다.

인격의 개체계화는 주변 사람들이 본인을 바라보는 눈이 달라짐에 따라 촉진된다. 즉 '자신이 사람들에게 어떻게 비치는가'를 단서로 본인이 자신을 바꾸게 되는 것이다. 타인은 나를 비추는 거울 역할을 한다.

09 동성애자의 심리

 동성애 성향을 가진 사람의 비율을 처음으로 조사한 벤 켈트 박사에 의하면 동성애자는 1.3%, 양성애자는 3.8%였다고 한다. 동성애자 비율이 생각보다 높게 나왔다고 생각한 사람들도 많이 있을 것이다.
 동성애자는 이미 마이너리티(소수파)이기 때문에 커밍아웃하기가 힘든 것일 뿐이다. 또한 적지 않은 사람들이 동성애자를 이상한 사람들로 취급하는 것은 사회에 존재하는 차별이나 편견 때문일 것이다.
 동성애자와 이성애자의 차이는 성 지향이나 성 자인의 차이에서 기인한다. 성 지향은 동성과 이성 중, 어느 쪽에 흥미와 관심을 갖고 있는가에 대한 문제지만, 성 자인은 자신의 성을 남성이라고 생각하는가 여성이라고 생각하는가에 대한 문제이다. 성 자인의 경우에는 자각하고 있는 성이 남성이거나 혹은 여성이기 때문에, 스스로는 동성애라는 인식이 거의 없을 수도 있다.

성 자인은 한 살 반부터 두 살 경에 정해진다고 보고 있다. 한편, 성 지향은 분명하게 구별되는 것이 아니라서 누구나 '나는 동성애자일지도 몰라'라고 생각해도 이상한 일이 아니다.

단, 동성애의 원인으로는 유전적 요인에 따라 결정된다는 연구 결과가 있으며, 출생 시 모친의 연령이 많아 막내로 태어난 경우나, 태아일 때 모체가 받은 스트레스로 인한 경우 발생 가능성이 높다는 연구결과도 나와 있다.

동성애의 심리에 대해서는, 많은 사람들이 '왜 이성을 좋아하는가?' 라는 질문에 대답할 수 없는 것처럼, 동성애의 경우에도 왜 동성을 좋아하는가? 라고 물어도 대답할 수 없다고 생각한다. '이성애는 생식으로 결합되었기 때문이다' 라고 대답하는 사람이 있을지도 모르지만, 인간은 생식과는 무관한 성 행위가 거의 대부분 아닌가?

자각하고 있는 성이 남성이거나 혹은 여성이기 때문에, 스스로는 동성애라는 인식이 거의 없을 수도 있다.

10 만족하기 위하여 더욱 노력한다

'현재의 생활에 크게 만족하고 있다. 이제 아무것도 바랄 것이 없다. 계속 이런 상태로 살았으면 좋겠다.' 이런 생각을 평생 몇 번이나 가져 볼 수 있을까? 대부분의 사람이 단 한 번도 갖지 못하고 죽을지도 모른다. 그러나 조금도 비관할 필요는 없다. 더 이상 바라는 것이 없을 만큼 만족스러운 상태란, 현실 속에서는 힘든 것이기 때문이다.

만일 당신이 그것만 이룬다면 더 바랄 것이 없을 것 같은 일을 목표로 정해서 달성했다고 치자. 그 만족감이 언제까지 지속될 수 있을까?

하나의 목표가 이루어지는 순간 당신은 곧바로 새로운 목표를 갖게 될 것이다. 서 있으면 앉고 싶고, 앉으면 눕고 싶으며 누우면 자고 싶다는 말은 이러한 인간의 심리를 정확하게 짚어낸 말이다.

머슬로우는 '인간은 자기실현을 지향하여 성장해가는 동물'이며 "인간의 동기는 단계적인 구조를 갖고 있다"고 한다. 그는 인간의 욕구를 다섯 단계로 나누어 설명했다.

　사람에게는 우선 먹고, 자고, 배설하기를 원하는 기초적이고 생리적인 1차적 욕구가 잇다. 이와 같은 욕구가 어느 정도 충족되면 안전과 안정에 대한 2차적 욕구가 고개를 들게 된다. 그리고 이 단계의 욕구가 충족되면 동료 또는 집단에 소속되고 싶다는 소속의 욕구와 사랑받고 싶다는 3차적 욕구가 나타난다. 이어 자신의 능력을 인정받고, 존중받고 싶다는 사회 승인 욕구가 뒤따르고 마지막으로 자신의 재능과 능력, 가능성을 개발하고 싶다는 자기실현 욕구를 느끼게 된다는 것이다.

　'먹는 것과 입는 것이 풍족해야만 차릴 수 있다' 는 말이 있다. 머슬로우의 관점에서 생각한다면 인간은 근본적으로 욕구의 존재이므로 대체로 이러한 단계에 따라 행동하는 것으로 볼 수 있다.

　머슬로우의 이론은 기업경영과 정부정책에도 큰 영향을 미쳤다.
　가령 절대 빈곤의 시대에는 안전의 요구가 가장 큰 문제였으므로 먹고사는 문제를 해결해 주는 것으로 충분했다. 사람들에게 돈을 더 주는 것만으로도 동기부여가 되었던 것이다.

　그러나 산업이 발달하고 경제가 안정되어 가면서 2차원적인 안전의 욕구가 어느 정도 충족된 사람들은 더 이상 돈의 논리로만 움직이지 않게 되었다. 가령 직장을 구할 때에도 연봉 외에 조직문화나 성취감 등의 더 고차원적인 욕망을 추구하기 시작한 것이다. 사람들은 이제 좀 더 가치 있는 집단에 소속되기를 원하고 자신의 우월성을 느끼고 싶어 하며 나아가 내면의 가치를 실현하고 싶어 한다.

  사람들의 욕구 단계가 상승함에 따라 사회도 점차 이러한 변화에 초점을 맞추는 방향으로 변하고 있다. 그러나 머슬로우의 이론은 인간의 욕구를 너무 획기적으로 바라보았다는 지적도 있다. 인간에게는 타인의 의견과 상관없이 저마다 중요하게 여기는 가치관이 존재하기 때문이다.

  예를 들어 평생을 써도 다 쓰지 못할 만큼의 재산을 가졌으면서도 여전히 재산 증식에만 관심을 기울이는 사람이 있는가 하면 인도나 티베트 등지의 수도승들 가운데에는 자아실현의 욕구에 거의 모든 관심을 기울이는 사람들도 있다.

  시대나 사회적 배경에 따라 요구되는 가치관이 다르다는 점도 간과할 수 없는 부분이다. 현대인들은 돈만 있으면 사랑이나 명예와 같은 것들도 가질 수 있다고 생각하지만 불과 얼마 전까지만 해도 조선시대의 선비들은 손에 직접 돈을 드는 것조차 기피할 정도로 배금주의를 경계하는 사고방식을 갖고 있었다.

  이처럼 각 단계별 욕구에 부여하는 중요성은 시대와 사회에 따라 달라질 수 있는 것이다.

  또한 인간의 욕구는 각 단계가 완전히 충족되어야만 상위 단계로 올라가는 것은 아니다. 때에 따라서는 여러 단계들이 복합적으로 나타나기도 한다는 것이 최근 학자들의 견해이다.

  이처럼 머슬로우의 이론은 지나친 획일성으로 인하여 개인간의 차이와 시대나 상황에 따라 특징을 무시하고 있다는 비판을 받을 여지가 있으나 복합적인 인간의 욕구를 체계적으로 분석했다는 점에서 평가를 받고 있다.

'먹는 것과 입는 것이 풍족해야만 차릴 수 있다'는 말이 있다. 머슬로우의 관점에서 생각한다면 인간은 근본적으로 욕구의 존재이므로 대체로 이러한 단계에 따라 행동하는 것으로 볼 수 있다.

사랑에도 노력이 필요한 법

아주 당연한 얘기겠지만 모든 관계에는 어느 정도 노력이 필요하다. 사랑도 마찬가지. 사랑이라는 관계를 크게 세 단계로 나누어 보면, 처음에는 사랑에 빠지고 그 다음에는 사랑을 하고, 마지막엔 사랑에 머무는 단계로 발전해 간다. 물론 사랑에서 빠져나오거나 사랑을 안 하거나 사랑에 머물지 않고 헤어지게 될 수도 있다. 특히 사랑에 빠지고 사랑을 하는 단계보다 사랑에 머무는 단계에서 그런 경우가 많다.

처음 사랑에 빠지고 사랑을 하는 단계에서는 사랑의 환상에 빠져 상대의 단점은 보이지 않고, 관계에 생채기를 낼 만한 나와 상대의 특성도 그다지 중요하게 부각되지 않는다. 그런데 이 모든 사랑의 환상과 허니문 단계를 거치고 나서 현실적으로 사랑과 상대를 바라보기 시작하면 이 사랑을 지켜가기 위해 필요한 것이 생각보다 많다는 것을 알 수 있다.

어쩌면 억울할지도 모르겠다. 처음에는 무작정 빠져들었는데 일단 사랑을 하고 보니 예전에는 자연스럽게 진행되던 모든 일에 노력이 필요하다고 하니 말이다. 마치 계약서의 작은 글씨까지 꼼꼼히 읽지 않고 어떤 계약을 한 것만 같은 기분이 들지도 모르겠다.

하지만 그 계약서를 꼼꼼히 읽었다면 어땠을까? 아마도 사랑에 빠지고 사랑을 할 일이 없을지도 모른다. 그 모든 불안과 불만과 의혹을 밑줄 쳐 가며 읽었다면 평생 어느 누구와 사랑할 기회, 사랑에 노력을 쏟아 부을 기회를 얻기나 했을까, 아마 그러지 못하고 혼자서 외롭게 그나마 상처받을 일은 없으니 '안전' 하게만, 그렇다고 재밌을 일은 없으니 '최소한으로' 살게 되었을지도 모른다.

사랑에는 모든 단계에서 노력이 필요하지만 처음에 사람을 만날 때는 벅찬 새로움과 들끓는 열정에 가려 모든 게 즐거워 그게 노력인 줄 몰랐을지도 모른다. 사랑에 머무는 단계는 사랑과 상대와 나에 대한 모든 거품이 걷히고 현실이 현실로, 노력이 노력으로 있는 그대로 다가오는 단계이기 때문이다. 어쩌면 이 단계가 바로 '진짜 사랑' 을 하는 단계일지도 모른다.

사랑에는 모든 단계에서 노력이 필요하지만 처음에 사람을 만날 때는 벅찬 새로움과 들끓는 열정에 가려 모든 게 즐거워 그게 노력인 줄 몰랐을지도 모른다.

12 사랑과 미움은 종이 한 장 차이

사랑하는 연인이나 결혼 상대 혹은 자신의 부모나 귀여운 자식까지도 살해하는 끔찍한 사건이 어느 시대를 막론하고 근절되지 않고 있다. 이러한 잔악한 사건은 도대체 어떤 심리가 작용하여 발생하는 것일까?

예를 들어 아내에게 다른 남자가 생긴 사실을 알았다고 하자. 아내를 매우 사랑하고 있는데 배신을 당했다면 견디기가 그만큼 고통스러울 것이다. 만약 아내를 조금도 사랑하지 않았거나 사랑이 식어가고 있었다면 아내를 살해할 만큼의 미운 감정은 일어나지 않았을지도 모른다.

사랑과 미움은 마치 자석의 두 극과 비슷하다. 전자석의 경우 S극과 N극이 영원한 것이 아니라 두 개의 극이 서로 바뀔 수 있다. 그런데 자석의 극과 극이 바뀔 수 있다는 것은 우선 이 금속이 자기력을 갖고 있어야 가능하다. 자기력이 없는 상태에서는 S극이나 N극으로 바뀔 것도 없는 것이다.

　이와 마찬가지로 뜨겁게 사랑했기 때문에 그 사랑이 미움으로 바뀔 수 있으며, 극단적인 경우에는 살인까지 하게 되는 것이다. '사랑이 미움으로 바뀌는 것'은 그야말로 순간적이라고 할 수 있다.

　상대방과 이야기를 하는 도중 갑작스럽게 증오심이 폭발하거나 홀로 상대방에 대해 이것저것을 생각하던 중 갑자기 미운 생각이 드는 것은 이런 이유에서다.

　이처럼 사랑과 미움이라는 상반된 감정이 갑자기 서로 바뀌어 나타나는 심리를 심리학에서는 '카타스트로피 이론'이라고 한다.

　카타스트로피라는 말의 어원은 그리스어의 Katastrophe로서 '갑자기 나타는 커다란 변화'를 의미하며 전쟁이나 파국, 재해, 종말과 같은 것들이 이에 해당한다. 이것은 프랑스의 수학자였던 르네 톰에 의해서 연구된 것으로 안정된 불안정이라는 두 가지 상태가 급격하게 변이되는 것을 말한다.

'사랑이 미움으로 바뀌는 것'은 그야말로 순간적이라고 할 수 있다.

13. 왜 다른 사람과 어울리지 못하는가

그룹에서는 두 종류의 규칙이 있다. 하나는 학생이라면 교칙, 사회인이라면 취업 규칙과 같은 문서화된 정식 규칙이다. 그러나 우리가 실제로 그와 같은 규칙에 따라 그룹 행동을 하고 있는가 하면, 꼭 그렇지만은 않다.

우리가 그룹 행동을 할 때에는, 다른 한편에 있는 암묵적인 규칙, 즉 집단규범에 따른다. 이것은 관행과도 같은 '우리 사이에서는 그것이 상식'이라고 여겨지는 규칙이다.

예를 들면, 회사에서 정식으로 규정되어 있는 유급휴가를 일수대로 모두 다 쓰면 '눈치 없는 사람'이라는 낙인이 찍히게 된다. 남성이 육아휴가를 사용할 수 있는 회사에 근무한다고 해도 '휴가를 쓸 수 있는 분위기'가 아니기 때문에, 거의 활용되지 않는다. 반대로 출산퇴직을 강요하는 규칙이 없어도 여성의 대다수가 '출산 후, 계속 일할 수 있는 회사는 아니었어.' 라는 이유를 대며 직장을 그만두게 된다.

즉, 정식 규칙보다도 암묵적인 규칙에 근거하여 우리는 그룹 내에서의 행동을 결정하는 것이다. 이러한 집단규범은 누구도 가르쳐 주는 것이 아니다. 그룹 내에서 활동하고 있는 사이에 알게 모르게 만들어져, 그것이 모두에게 자연스럽게 공기처럼 전해지는 것이다.

그룹 내 암묵적인 규범을 아는 것은 주변 사람들의 행동이나, 그것에 대하여 다른 사람이 어떻게 평가했는지를 조금씩 관찰하는 것으로 가능하다. 겉돌기 쉬운 사람이란, 집단 내의 규범에 둔감하고 주변의 분위기를 파악하지 못하는 사람이라고 할 수 있다. 그러나 출산퇴직이나 육아휴가의 활용에서 볼 수 있듯이 집단규범에 따르는 행동이 옳은 일인가 아닌가는 별개의 문제이다. 그룹 내에서의 '적응' 만을 고려할 경우에는 집단규범에 따라 행동하고 다른 사람들과 다르게 행동하지 않는 편이 옳다는 것은 확실하다.

우리가 그룹 행동을 할 때에는, 다른 한편에 있는 암묵적인 규칙, 즉 집단규범에 따른다.

14 남자다움과 여자다움은 변한다

'남자답다는 것'과 '여자답다는 것'은 대체 무엇일까? 생리학적인 면에서 볼 때 절대적인 남녀의 차이는 여성이 임신과 출산, 수유의 기능을 가지고 있다는 것, 그리고 남자가 좀 더 큰 신체와 힘을 가졌다는 것 외에는 큰 차이가 없다.

그러나 우리는 분명히 '남자다움'과 '여자다움'에 대한 어떤 이미지를 갖고 있다. 굳이 생리학적이 아닌 다음에는 이미지가 어디에서 만들어졌는지 묻는다면 그것은 사회에 의해 규정되어 시대와 더불어 변해 왔다고 대답할 수 있다.

예를 들어, 어렸을 때 사내아이는 강해야 하며, 여자아이는 온순해야 한다는 말을 부모나 선생님으로부터 들은 적이 있을 것이다. 그 말이 무의식적으로 고정관념으로 뿌리내려 성인이 되어서도 그와 같은 이미지가 옳은 것이라고 굳게 믿게 되는 것이다.

부모나 선생님으로부터 '남자는 이렇게 되어야 한다', '여자는 저렇게 되어야 한다'는 말을 듣고 자란 아이는 그러한 기대에 부응하려는 행동을 하기 때문에 자연히 남자로서의 역할과 여자로서의 역할을 하게 된다.

이런 과정을 거쳐 어느 사이에 남자다움과 여자다움의 이미지를 몸에 지니게 되는 것이다. 그 증거로서 문화 및 지역에 따라 남자다움이나 여자다움의 이미지가 전혀 달라질 수도 있다는 것을 들을 수 있다.

가령 우리나라에서는 '남성은 생산적인 노동을 해야 하고, 여성은 가정을 지켜야 한다'는 사고가 깊이 뿌리내려 있다. 그러나 뉴기니아의 첸브리 부족들은 우리나라와 정 반대로 여성은 생산적인 노동을 하고 재산을 관리하는 반면 남성은 노동을 하지 않고 단지 미술과 공예 등의 일만 한다고 한다.

그런 까닭에 첸브리 부족의 여성들은 공격적이고 지배적이며 활달한 편이다. 한편 남성들은 여성에 비해 겁이 많고 소심하여 열등감을 갖고 있다.

생리학적인 면에서 볼 때 절대적인 남녀의 차이는 여성이 임신과 출산, 수유의 기능을 가지고 있다는 것, 그리고 남자가 좀 더 큰 신체와 힘을 가졌다는 것 외에는 큰 차이가 없다.

15 남·여의 행동 패턴

　이 경우에는 스포츠 팀의 멤버들과 그 팀의 남자 코치를 연상할 수 있다. 분명히 스포츠에서는 체격의 차이도 있고 남성이 유리하지만, 남성이 모든 분야에서 여성보다 우수하다고 하는 이유 때문만은 아닐 것이다.

　구성은 다양하더라도 위에 서야만 하는 남성과 그 아래에는 여성이어야 한다는 사회 구조가 남녀에게 분리된 역할로서 뿌리박혀 있는 것 같다.

　삼종지도(三從之道, 어린 시절에는 아버지를 따르고, 결혼 후에는 남편을, 남편이 죽은 후에는 아들을 따른다) 같은 사상이 여성에 대한 이러한 생각을 오랫동안 유지시켜 온 것이기도 하다. 그리고 그대로 따라왔기 때문에 남녀의 상하관계가 사회생활 속에도, 개인의 마음속에도 정착되어 버렸다.

　여성이 대부분인 집단에서 리더가 남성이 되는 일은 스포츠 말고도 찾아볼 수 있다. 예를 들면, 필자가 속해 있는 자치회에서는 회합이나 활동에 참가하는 사람들은 대부분이 여성(부인)이지만, 그 사람들 가운데서 자치회장이 선출되면, 다음 회부터는 부인과 남편이 교대함으로써 자치회장은 반드시 남성이 된다. 초등학교와 같은 곳에서 흔히 볼 수 있는 육성회도 대부분의 임원은 여성이면서도 회장은 남성인 경우가 많다고 생각하지 않는가?

단, 여성이 만만치 않은 상대라는 것도 사실이다. 여성은 여자다움이 몸에 밴 결과, 집단 내에서 동조하는 것을 옳다고 생각하기 때문에, 그룹에 장이 되어 집단을 선도하는 것은 특기분야가 아니다. 특기라고 해도 혹시나 마찰이 발생할지도 모르기 때문에 솔선수범하려는 생각은 없다. 따라서 성과나 목표를 우선시 하는 남성에게 적당히 맡겨서 집단 내의 협조성(協助性)을 주고받는 것이다.

구성은 다양하더라도 위에 서야만 하는 남성과 그 아래에는 여성이어야 한다는 사회 구조가 남녀에게 분리된 역할로서 뿌리박혀 있는 것 같다.

16 남성끼리 여행이나 식사를 하며 나가지 않는 이유

사회에 나온 후의 단체행동에서는 업무를 포함한 미팅이 빈번한 남성들만의 만남이 압도적으로 많다는 사실, 이는 일의 연장이라서 여성도 일하는 사람이 증가하게 되면, 남성과 마찬가지로 일을 비롯한 식사 약속도 분명히 늘어날 것이다.

그에 비하여 친구관계를 맺고, 친구와의 만남을 즐긴다는 면에서는 여성이 남성보다도 뛰어나다고 생각한다. 단, 이것은 학습에 따라 익숙해지는 것이다.

인간은 태어날 때부터 사회로부터 '여자는 여자답게, 남자는 남자답게' 되어야 한다는 구속을 받는다. 여자는 여자다워지기 위해서, 원활하고 양호한 인간관계를 유지하는 요소를 많이 지니기를 요구받는다. '애교'나 '감수성' 등이 바로 그것이다.

단, 인간관계를 양호하게 만드는 인간적 요소는 누구나 필요하다.

남성에게도 '다른 사람과 사이좋게 지내는 것은 여성의 특권' 이라는 편견을 버리고, 앞으로 배울 필요가 있는 스킬이라고 생각한다.

그건 그렇다 치고, 아기자기하게 지내는 모습에 묘한 위화감을 느끼는 남성도 조금 불쌍하다는 생각이 든다. 남자끼리 유원지에 가는 것은 어쩐지 어색하다고 생각하기 때문이다. 이것도 태어날 때부터 받아 온 사회적인 구속에서 오는 편견 때문일 것이다.

덧붙여 말하면, 동양인은 남녀에 관계없이 단체행동을 하는 경향이 강한 것 같다. 내 주변에 내가 기댈 수 있는 멤버가 있으며, 그것을 포함하여 내가 완성되는 감각이 있는 것 같다. 행동을 함께 하는 가까운 그룹 내의 멤버인지 아닌지, 즉 '안과 밖' 을 구분하는 벽이 분명히 존재하고 있는 것이다.

친구관계를 맺고, 친구와의 만남을 즐긴다는 면에서는 여성이 남성보다도 뛰어나다고 생각한다. 단, 이것은 학습에 따라 익숙해지는 것이다.

17 사랑하는 사람의 마음을 사로잡는 법

　반항적인 성격의 소유자는 상처를 입고 있는 인간이다. 만약 당신이 사랑하는 사람이 이런 종류의 사람이라면, 당신은 상대와의 관계를 조화롭게 할 수 있도록 설득력을 발휘해야만 할 것이다.
　우리는 흔히 "여성을 다루는 방법은 한 가지밖에 없다. 그런데 곤란한 것은 그 누구도 그것을 알지 못한다."라는 말을 한다. 하지만 그런 유머스러운 발상은 별도로 하더라도 남녀를 효과적으로 다루는 방법은 실제로 존재하고 있다.
　당신이 이성인 상대를 잘 설득할 수 있느냐, 못하느냐는 이성에 대한 당신의 태도에 달려 있다. 자기의 개성을 연마하고 설득력을 갈고 닦을 수 있는 영역의 태도이며, 그 태도는 우리의 행동과 말은 물론, 표정까지도 좌우한다.
　행동이 우둔하고 소극적이라면 누구에게든 질 수밖에 없다. 그러나 활발하고 매력적인 행동을 취한다면 승리는 당신 편일 것이다.

　외적인 모습은 내적인 면으로 결정되고, 내적인 모습은 주로 어떤 형태의 태도에 의해서 성립된다. 그러나 누구나 알다시피 인간은 다면적인 존재이다. 그러므로 상대를 색안경 쓰고 본다거나 책망한다거나 한다면, 상대를 완전히 이해했다고 말할 수 없을 것이다.

　색안경을 끼고 상대를 본다면 백발백중 잘못을 범하기 십상이다. 상대를 '그'라고 보지 말고 나를 포함한 '우리'라고 보도로 하라. 더욱이 설득력을 배가시킬 목적이라면, 그 어떤 선입관도 갖지 말아야 한다.

　언젠가 서로의 의견이 대립되어 싸움을 자주 하는 부부가 나를 찾아와서는 "어느 쪽 주장이 옳은지 판단해 주십시오."라고 말했을 때, 나는 옳고 그름이 문제가 아니라, 서로의 견해 차이라고 대답해 준 적이 있었다. 그것이 비판적이지 않고, 상대를 이해하는 최상의 배려이다.

　이해심 있는 태도로 어떻게 원만한 관계를 유지할 수 있는지 그 실례를 들어 보자.

　당신에게 새로운 이성이 생겼다고 하자. 이 사람은 다소 기분파이고 시비 거는 것을 좋아해서 종종 당신을 괴롭힌다. 아마도 이 남자(또는 여자)는 신경이 날카롭고 상처받기 쉬운 성격일 것이다. 이런 사람은 좋은 말로 부드럽게 설득해도 덤벼든다. 또한 성격이 까다롭고 지는 것을 싫어한다. 이런 상대라면 아무리 참을성이 많은 당신이라도 도저히 어쩌지 못할 것이다.

무엇이 이 사람을 이렇게 만든 것일까. 어째서 이 사람은 남들이 좋아하는 것까지 거부할까. 시드니 M. 주러드 박사는 이렇게 설명하고 있다. "이렇게 말하면 놀랄 사람도 있겠지만, 이 세상에는 아낌없이 사랑을 주어도 그것을 받아들이길 - 불가능한 것은 아니겠지만 - 거부하는 사람이 실제로 있다. 그런 사람은 누군가가 자기를 사랑한다면, '혹시 나를 사랑하는 척하고 나의 마음을 사로잡은 다음 손도, 발도 내밀지 못하게 하려는 속셈은 아닐까' 라는 의심의 눈초리로 상대방을 본다. 이런 사람은 흔히, '사랑을 받아들이는 데는 사랑하는 마음이 필요하며, 사랑이 필요하다는 것은 곧 비겁하다는 뜻이다' 라는 그릇된 사고방식을 가지고 있는 경우가 많다."

사랑을 자연스럽게 받아들이지 못하는 사람들 중에는 과거 이성과의 사이에 사랑의 쓰라린 아픔을 경험했기 때문에 새로운 사랑을 만나도 다시 상처를 입지 않을까 하는 두려움에 젖어 있는 사람도 있다.

어쨌든 반항적이거나 소극적인 성격의 소유자는 상처를 입고 있는 인간이다. 그러면서도 그들은 자신의 있는 그대로를 이해해 줄 상대를 필사적으로 찾고 있다.

만약 당신이 사랑하는 사람이 이런 종류의 사람이라면, 당신은 상대와의 관계를 조화와 기쁨으로 이끌어갈 수 있도록 설득력을 발휘해야만 한다.

여성보다 남성이 섹스에 관심이 높은 이유

남녀 사이에 섹스에 대한 관심도가 차이 나는 이유 중 하나는 생물학적인 차이에 있다. 그러나 유흥업소나 잡지에서 보여 주는 섹스에 대한 관심은 정말로 사회적 행동에 의한 것이다. 이것은 주위의 환경에 따라 후천적으로 커지는 욕구이다.

남성이 섹스에 대한 관심이 높다고 생각되는 이유로서는 다음의 3가지를 들을 수 있다.

첫 번째로 사회생활의 차이이다. 남성은 밖에서 일을 하는 역할이 여성보다도 많다. 동료에게 권유를 받는다거나 정보에 대한 접근이 간단하며, 결혼 후에도 남성이 여성보다 자유로운 편이다.

두 번째로 남성이 리더하기를 여성은 기대하고 있거나 또는 기대할 거라고 남성이 생각하고 있다는 점이다. 남성은 섹스에 관하여 무조건 여성보다도 많이 알고 있어야 한다고 생각한다. 따라서 실전에

'연습'이 필요하다고 생각한다.

세 번째로 몸의 형태이다. 여성은 성적으로 흥분하면 유두가 서는 것과 같은 변화는 있지만, 매우 미약하다. 그에 비하여 남성은 스스로 눈에 띄는 모습으로 변화한다. 그것을 보고 더욱 흥분하는 것이다. 이러한 상황을 심리학에서는 '자기지각'이라고 한다. 자신의 태도나 감정과 같은 스스로의 행동을 외적 단서로 보는 것이다.

예를 들면, 문득 차의 속도를 과도하게 올리는 자신을 깨닫고 '내가 지금 당황하고 있구나'라는 심리상태를 알게 되는 것과 마찬가지이다. 따라서 자신이 발기했다는 것을 자기지각-자신이 흥분하고 있다는 것-을 알게 되고 흥분이 고조되는 것이다. 이런 점에서도 여성보다도 남성이 성욕이 많다고 할 수 있겠다. 그렇다면 여성은 남성의 변화를 '관찰'하여 흥분하는 방법이 있을 것이다.

자신의 태도나 감정과 같은 스스로의 행동을 외적 단서로 보는 것이다.

여성전용 유흥업소가 적은 이유

앞의 내용에 이어서 여성의 성에 대한 관심이 남성보다 낮은 이유는 환경에 따라 사회적인 행동 폭이 좁기 때문이라고 생각한다.

이와 더불어 섹스에 관한 남성에 대한 기대와는 상반되게 여성은 섹스에 관심을 갖는다거나 적극적이 되면 세간의 비난을 받기 쉽다. 게다가 여성이 유흥에 빠지는 모습은 사회적으로 용납될 수 없는 일이다.

여성은 성에 대하여 소극적인 모습을 보이며 한 걸음 물러서 있다가 자신을 원하는 사람에게 최대한 비싸게 팔리는 것만이 살아가는 수단이 되는 사람도 있다는 사실 또한 부정할 수 없다.

이러한 점만을 보면 상대방의 돈만 보고 결혼하는 여성과 유흥업소에서 일하는 여성은 공통점이 있다고 생각한다.

또한 여성의 섹스에 대한 관심을 전면에 내세우지 않는 이유는 남성과는 달리 임신에 대한 걱정이 늘 따라다니고 있기 때문이다. 여성은 위험을 무릅쓰면서까지 섹스를 하고 싶어 하지는 않는다.

그러나, 다른 한편으로는 여성의 성에 대한 관심이 조금씩 증가하고 있는 것도 사실이다.

남성 탤런트를 기용한 누드 사진집이나 여성지의 섹스 특집호는 매우 잘 팔리고 있다고 하며, 레이디스 코믹(여성만화잡지)이라 불리는 야한 만화도 상당한 매상고를 올리고 있다고 한다.

이러한 것들도 남성의 유흥에 대한 관심과 마찬가지로 사회적 행동이 된다. 단, 여성의 경우는 좋아하는 사람과의 섹스에는 굉장히 관심이 많으며, 그 때문에 레이디스 코믹 등을 읽고 매일 연구한다고 하는 편이 옳다고 할 수 있다.

이렇게 적극적인 여성들을 남성들도 차츰 받아들이는 사회로 변해가고 있는 것도 나름 바람직한 경향일 것이다.

여성은 위험을 무릅쓰면서까지 섹스를 하고 싶어 하지는 않는다.

사랑 없는 섹스는 가능한가?

섹스 후에 연애감정이 생기는 경우도 있기 때문에 '사랑이 없는 섹스'는 성립할 수 있다고 생각한다. 단순접촉효과로 누군가를 좋아하게 되는 경우도 있으니까.

유흥업소에 가는 것은 실로 사랑이 없는 성행위이다. 오히려 그 후에 상대와의 연애를 '피하고 싶기' 때문에, 유흥업소에 가는 경우도 있을 것이다.

유흥업에 종사하는 사람들도 일이기 때문에 상대에게 일일이 애정을 주는 것도 성가신 일이 아닐까. 단, 이 경우에도 섹스를 통해 유사연애를 즐기는 사람들은 있을 것이다.

서로에 대해서 충분히 알고 나서 섹스를 하는 것은 귀찮은 일이지만, 인간은 온정이 필요하다느니 말하는 상황은 피할 수 있으니까. 어디까지나 유사한 연애라서 진실한 사랑이 아니라는 것이 문제이다.

옛날에는 대화는커녕 상대방의 얼굴도 제대로 못 보고 부모님이 정해 주신 대로 결혼하는 경우가 많았다.

이 경우, 결혼했다고는 하지만 당초 '사랑이 없는 섹스'를 하는 것이다. 이렇게 결혼을 했던 부부지만, 긴 시간이 흘러서 묵묵히 사랑을 키우게 된다. 즉 처음에는 사랑이 없는 섹스를 했더라도, 섹스를 하고 나서 부부애가 생길 수도 있는 것이다.

게다가 옛날 사람들이 이혼율도 낮았다. 체면에 구애받던 시대였다는 점도 무시할 수는 없지만, 그래도 일생을 해로하며 행복하게 살았다. '사랑이 있다' 혹은 '사랑이 없다'는 섹스하면서 생각하는 것이 아니라 섹스가 끝난 후, 두 사람의 관계를 어떻게 할까 결정할 때 생기는 문제라고 생각한다.

그런 불안정한 관계를 바라지 않는다면 역시 처음부터 사랑을 키우고 나서 섹스를 하는 방식이 현명할 것이다.

불안정한 관계를 바라지 않는다면 역시 처음부터 사랑을 키우고 나서 섹스를 하는 방식이 현명할 것이다.

21 가까운 사람에게 성폭력을 당하는 이유

성폭력 중 반수 이상이 지인들에 의한 범행이며, 여기에는 친한 친구나 가족도 포함되어 있다. 가깝게 지내는 사람으로부터 성폭력을 당한 경우에는 피해자가 공개하지 않는 경우도 있기 때문에 실제 피해 상황은 훨씬 많을 것이다.

연인 사이나 부부와 같이 가깝고 친밀한 관계에 있는 사람에게는 누구나 '저 사람은 나를 좋아하고 있어. 그러니까 나는 무슨 짓을 해도 용서해 줄 거야.'라고 만만하게 보는 경향이 있다. 연애에서는 적어도 이러한 감미로운 환상이 필요하기는 하다. 단, 그것이 도를 넘어서 현실을 벗어나면 올바른 상황파악을 할 수 없어 성폭력과 같은 문제가 일어나는 것이다.

소위 데이트 성 폭력이라고 불리는 행동도 그러한 경우로 볼 수 있는데, 파트너의 'NO'를 'YES'로 파악해 버리면 강간사건이 발생하는 것이다. '입으로는 싫다고 했지만, 속으로는 나랑 섹스하고 싶다고 생각하고 있어'라고 자기 멋대로 생각하거나, '어쩌면 저 애가 나보다 더 좋아할지도 몰라'라고까지 생각해서 상대방이 바라고 있다고 자기 편할 대로 생각하는 사람도 있다.

그러나 남녀 간의 생각 차이가 이러한 트러블을 일으키는 것은 사실, 섹시하게 옷을 입은 여성은 모두 자신을 유혹한 것이라고 생각하거나, 흉기로 협박하지 않으면 강간이라고 볼 수 없다고 생각하는 사람도 있을 것이다. 그리고 술이 들어가면 그러한 생각이 더욱 강해진다.

가깝게 지내는 사람일수록 자신의 생각을 상대방의 생각과 결부시켜서 제멋대로인 행동으로 치닫는 것일지도 모른다. 성폭력이라고 하는, 표면적으로는 매우 폭력적인 행위의 뒷면에는 상대방에 대한 이기심이 잠재되어 있을 가능성이 높다.

파트너의 'NO'를 'YES'로 파악해 버리면 강간사건이 발생하는 것이다.

22 섹스 의존증이란

　의존증은 기벽이라고 한다. 약물이나 알코올 등을 습관적으로 복용하고, 그 때문에 약효가 저하되어 더욱 복용량이 증가하는 증상이다. 그리고 복용을 중단하면 자율신경마비, 경련 등이 일어난다.
　섹스 의존증이란, 이렇게 약물이나 알코올에 의존하는 것과 마찬가지로 일시적 쾌감을 통해 고독이나 괴로움으로부터 회피하기 위하여 섹스에 의존하게 되고 멈출 수 없는, 말하자면 '색광' 의 동의어로서 만들어진 단어이다.
　체질적인 개인차는 물론 있지만, 남녀 불문하고 누구나 섹스를 하고 싶어 한다. 섹스를 함으로써 즐거움을 '학습' 하는 경우도 있을 것이다. 섹스의 즐거움을 알고, 그 때문에 점점 섹스를 하고 싶어지는, 그리고 거기서 다시 새로운 즐거움을 맛보는 -행복한 순환 속에 있는 사람도 적지 않을 것이다. 단, 그 순환 고리 안에서는 의존증으로 불릴 만한 어떠한 근거도 없다.

  그러나 이것이 '의존증'으로 낙인이 찍혀 문제시되는 이유는 약물 의존과 마찬가지로 내밀성이 높은 행위라서 상대방과의 '특별한' 신뢰관계나, 상대방이 전면적으로 받아들인 서포트 관계가 탄생한 것처럼 착각을 일으키기 때문이다. 통상 인간관계를 생각해보면 알 수 있듯이, 신뢰관계와 서포트 관계는 하룻밤 사이에 만들어지는 것이 아니다. 그러나 현실에서는 친구관계도 잘 만들지 못하는 사람이 이성 관계만은 간단하게 맺어 버리는 경우가 자주 있다.

  섹스 의존증으로부터 빠져나오기 위해서는 현실의 문제에 정면으로 대응하여 해결하기 위해 노력하는 것이다. 물론 올바른 사회생활을 하고 있다면 그것을 의존증이라고 하지 않는다.

약물이나 알코올에 의존하는 것과 마찬가지로 일시적 쾌감을 통해 고독이나 괴로움으로부터 회피하기 위하여 섹스에 의존하게 되고 멈출 수 없는, 말하자면 '색광'의 동의어로서 만들어진 단어이다.

왜 다시 시작하려고 하는가?

　욕구불만의 대응방법 중에서는 '다시 시작하는' 재출발의 방법이 있다. 예를 들어 영어 단어를 암기할 때 왠지 잘 외워지지 않는 경우가 있다. 이럴 때는 일단 휴식을 취한 뒤에 공부를 계속하기도 한다.
　그런데 휴식이 끝난 다음 앞서의 것을 이어서 공부하는 것이 아니라 원점에서 다시 시작하는 사람들이 있다. 이와 같은 행동은 다시 출발점으로 되돌아감으로써 지금까지의 욕구불만을 깨끗이 해소시킬 수 있다는 심리가 작용하기 때문이다.
　영어 단어를 암기할 경우, 처음 서너 장 정도는 비교적 쉽게 외울 수 있지만 차츰 단어수가 늘어남에 따라 기억하기가 어려워진다. 이와 같은 곤란, 즉 욕구불만을 가급적 뒤로 미뤄 놓기 위하여 처음부터 다시 시작하는 것이다.
　이것은 '부정'이라는 자아방어기제의 하나이다. 어떤 목표가 중간

단계에서 잘 되어가지 않을 때 처음부터 시작함으로써 시간을 벌고 좌절을 피하려는 것이다.

사실 재출발을 하기로 마음먹는 시점까지는 아직 완전한 욕구불만에 이르지 않은 상태다. 그래서 앞으로 욕구불만이 심화될 것 같은 예감이 들면 그것을 회피하거나 뒤로 미루겠다는 심리에서 이처럼 '다시 시작' 하는 과정을 밟게 된다.

주위를 살펴보면 주기적으로 직장이나 연인을 바꾸는 사람들이 있다. 이런 사람은 언젠가 닥칠지 모를 욕구 불만을 차단하거나 최소화하기 위한 대비조치를 미리 해두는 것이라고 할 수 있다.

일이든 연인이든 전혀 불만이 없는 최상의 상태란 있을 수 없다. 그럼에도 불구하고 사람들은 완전을 추구하여 자신의 뜻대로 되지 않으면 지금까지의 노력을 포기하고 처음부터 다시 시작하려고 한다.

어떤 일이든 고비는 있게 마련이다. 직장생활에서도 자신의 능력을 인정받지 못한다거나 도저히 함께 하기 힘든 상사를 만나는 등 어려움에 부딪치는 경우가 많다. 연인과의 관계에서도 어느 정도 시간이 흐르면 초기의 열렬했던 마음과 달리 각종 문제에 직면하게 된다.

이럴 때 직장을 바꾸거나 사람을 바꾼다고 해서 문제가 해결되지 않는다. 어떤 일을 문제 상황 속에 있게 한 '나 자신'을 먼저 바꾸지 않는다면 새로 출발한 뒤에도 일정 시기가 지난 뒤에 또다시 비슷한 문제가 생길 것이기 때문이다.

24 바람은 왜 피는가

　우선, 연인이 아닌 다른 사람에게 연애감정을 느끼는 바람기에 대하여 알아보겠다. 비록 연인이 있더라도 상대방은 살아 있는 인간이기 때문에 당신의 이상형을 완벽하게 실현시켜 줄 수는 없다.
　따라서 당신이 열렬하게 맹목적인 사랑의 환상에 빠져들었을 때 외에는 언제라도 바람을 필 수 있다.
　단, 바람을 부추기는 상황은 있을 것이다. 그것은 앞서 설명한 바와 같이 연인이 '광기적인 사랑'을 하는 경우이다. 상대방이 당신에게 질투가 날 정도로 사랑을 쏟을 때, 당신은 상대방의 독점욕 탓에 구속받는다. 그러면 심리적으로 반발이 생겨 자신이 누려야 하는 자유를 다시 찾고 싶다는 생각이 간절해진다. 그래서 상대방에게 구속당하고 있다면, 오히려 바람으로 맞서게 된다.
　다음으로, 결혼 후에 피는 바람에 대하여 생각해 보자. 아무리 결혼

생활을 하고 있어도 연애와 섹스는 차츰 분리되어 간다. 지금까지는 마치 남성들만이 생리적으로 섹스 상대자가 필요하여 부인 말고도 복수의 여성을 동시에 상대할 수 있는 것처럼 생각되어왔다.

그러나 투고 잡지 〈와이후〉의 조사에 따르면, 바람을 핀 부인의 80%가 동시에 남편과의 성관계를 지속했다는 결과가 나왔다.

결과를 놓고 보면, 부인이나 남편이 아닌 사람에게 연애감정이 생기는 점에서도, 연애와 섹스가 분리되는 점에서도 남녀 간에 차이가 거의 없다고 할 수 있겠다.

결혼은 인간의 연애감정을 사회제도상 분란이 생기지 않도록, 법률상에서 '올바른' 연애와 '부정한' 연애로 나누는 것일 뿐이기 때문에 혼외의 연애감정을 '도리에 어긋나는 행동'이라고 나쁜 놈 취급을 하는 일은 사회적으로는 어찌 되었든 간에 생물학적으로는 무리가 있다고 생각한다.

상대방이 당신에게 질투가 날 정도로 사랑을 쏟을 때, 당신은 상대방의 독점욕 탓에 구속받는다. 그러면 심리적으로 반발이 생겨 자신이 누려야 하는 자유를 다시 찾고 싶다는 생각이 간절해진다.

25. 부부가 '섹스리스(sexless)'가 되는 이유

 어떤 주부는 빨리 두 번째 아이를 낳고 싶은 마음은 있으나, '남편이 집에 돌아오면 바로 곯아 떨어져서 섹스를 하려고 해도 기회가 없다' 라는 한탄을 하였다. 심리적인 문제 이전에 물리적으로 부부가 서로 만날 기회가 너무 적은 것은 가장 큰 원인이라고 생각한다. 남편의 귀가 시간이 늦거나, 잔업이 없더라도 직장 동료와 회식을 하고 들어오거나, 집에서는 부인과 아이들이 함께 자느라고 부부 침실이 없거나 등 여러 가지 이유를 들 수 있다.

 심리적인 문제로는, 남편이 어머니에게 지나치게 의지하여 자란 경우를 들 수 있다. 이런 타입의 남성은 부인에게 자기 어머니의 역할을 바란다.

 부인에게 아이들 엄마로서의 역할만을 기대하는 것도 문제지만, 그러기는커녕 남편 자신도 부인을 어머니 대신으로만 생각하는 경우도 문제이다. 부인도 남편이 자기에게 바라는 것이 어머니 역할이지 부인이 아니라는 사실을 알고 있어서 아예 남편과 로맨틱한 시간을 보낸다거나, 섹스를 하겠다는 생각은 하지도 않는다.

또한, 남편에게 모든 것을 맡기고 부인은 수동적인 자세를 취하는 데 문제가 있는 경우도 있다. 여자가 성에 적극적이어서는 안 된다는 규범의식이 더해져 더욱 소극적이 된다. 그러나 사랑을 하는 사람은 남편, 사랑을 받는 사람은 부인이라고 정해진 공식은 없다.

섹스만으로 부부관계가 좋은지 나쁜지 규정할 수는 없다. 그러나 부부 중 누군가가 섹스리스를 불만이라고 느끼고 있다면 그것 역시 문제가 된다. 낡은 고기에는 떡밥을 주지 않는 남편, 낚이고서 꿈쩍도 하지 않는 아내가 되어 서로가 상대방을 우울하게 만들고 있지는 않은가? 의외의 한마디가 상대방에게 큰 상처가 되어 섹스리스가 된 경우도 많다고 한다. 결혼 후에도 상대방을 배려하는 것 이것은 부부라는 파트너 이전에 사람으로서 당연히 필요한 행동이다.

섹스만으로 부부관계가 좋은지 나쁜지 규정할 수는 없다. 그러나 부부 중 누군가가 섹스리스를 불만이라고 느끼고 있다면 그것 역시 문제가 된다.

연인이 없을 때와 부부가 되고 난 후의 섹스

　상당히 다르다고 생각한다. 연인들은 생활을 함께 하지 않는 경우가 많고, 누구에게 폐를 끼치는 것도 아니라서 무엇을 해도 자유로우며, 싫어졌을 때는 헤어질 수도 있다. 그런 의미에서는 순수하게 연애만 혹은 섹스만을 즐길 수 있다. 극단적으로 말해서, 상대방을 배려하지 않고 내 기분만을 생각해서 섹스를 할 수도 있는 것이다. 상대방이 질색을 해도, 헤어지는 데 부부 사이만큼 부담이 적으니까.

　그러나 결혼을 하면, 서로를 둘러싸고 있던 사회 환경이 크게 변한다. 여성이 결혼하여 출산 퇴직을 하고 나면 결혼은 바야흐로 생활이다. 남성도 결혼 후에는 가사 육아를 책임져야 하는 사람이 된다. 그렇다는 사실은 혼자 섹스를 즐겨서도 안 되며, 섹스를 통해서 상대방을 기쁘게 할 수 있도록 때로는 '의무감이나 연기'가 필요하다는 말이다.

단, 의무나 연기를 하는 자신을 비극의 주인공인양 생각하는 것은 심한 비약이라고 생각한다. 결혼 상대에게 연기를 하면서까지 섹스를 하는 이유는 결국 자신을 위해서이기도 하다. '동정은 진정 그 사람을 위함이 아니니….' 상대를 섹스로 기쁘게 함으로써, 상대방이 건강하고 활기차게 생활해 준다면, 그것이 돌고 돌아 나에게도 이득을 가져다 줄 것이다.

이러한 '의무감이나 연기'가 용납되지 않는 사람들은, 서로가 헤어지려고 하면 언제라도 헤어질 수 있도록 경제면이나, 생활면에서도 자립해야만 할 것이다. 그러면, 생활에 구속받지 않은 섹스가 가능하기 때문에, 언제까지나 연인의 기분으로 순수하게 섹스를 즐기는 것이 가능하다.

상대방이 건강하고 활기차게 생활해 준다면, 그것이 돌고 돌아 나에게도 이득을 가져다 줄 것이다.

27 미혼·기혼 여성이 바람을 피는 심리

　미혼 여성의 경우, 우선 '지금 만나는 사람보다도 더 좋은 사람을 만나고 싶어' 라는 생각으로 다른 사람은 어떤가 알아보기 위해 바람을 피운다. 이것은 남성의 경우도 마찬가지일 것이다.

　바람 상대로는 다니고 있는 직장의 기혼 남성인 경우가 많을 것이라고 생각한다. 접할 기회도 많고, 유능한 사람에게는 존경의 마음도 생기기 때문이다. 재력도 있고 잘 베푸는 사람이라면 여성의 입장에서도 나쁘지 않기 때문에, 상대방이 결혼한 사람인가 아닌가는 특별히 문제가 되지 않는다. 나와 상대방과의 관계에만 몰입하여, 상대방의 배우자까지 신경을 쓰지는 않기 때문이다.

　그러나 결혼하여 배우자의 입장이 되면, 사정은 달라진다. 여성이 기혼자로서 가정을 가지면, 가정을 망치면서까지 바람을 피려고 하지는 않는다. 원래 남편의 경제력에 의지하고 있는 경우가 대부분이기 때문이다.

따라서 만나지 않을 때는 아무렇지도 않은 척하고 있을 수 있는 냉정함과 두 사람만의 비밀을 지킬 수 있는 강인함이 없으면, 바람을 피겠다는 결단을 내리지 않을 것이다. 또한 가정생활을 유지하면서 바람을 피는 것이기 때문에 독점욕이 강하지 않고, 가정에 개입하지 않는 남성이어야만 한다. 만나고 있는 순간만큼은 로맨틱한 기분에 빠져, 둘만의 비 일상성을 즐길 수 있는 상대를 구한다.

그 외에도 곧 이혼할 여성과 결혼을 전제로 바람을 피는 남성의 경우도 있다. 그러나 여성은 이혼해도 남성만큼 재혼하고 싶다고는 생각하지 않는다. 여성은 결혼생활을 계속할수록 결혼 만족도가 점점 낮아지기 때문이다. 크나큰 결심을 하고 결혼을 했지만, 결혼생활에 점차 환멸을 느끼게 된다. 따라서 이혼 경험이 있는 여성은 '결혼이라면 신물이 나' 라고 생각하는 경우가 많다.

만나고 있는 순간만큼은 로맨틱한 기분에 빠져, 둘만의 비 일상성을 즐길 수 있는 상대를 구한다.

섹스로 시작되는 연애는 성립되는가?

요즘에는 '사랑한다면 섹스도 OK'라고 생각하는 것이 일반적이다. 미혼 남녀의 80%가 결혼 전이라도 애정이 있다면 섹스도 가능하다고 생각한다.

좋은 의미로도 나쁜 의미로도 로맨틱한 환상이 있기에 사랑이 성립된다고 말할 수 있지만 이러한 로맨틱한 환상만을 근거로 섹스를 할 것인지 말 것인지를 정할 수는 없다.

그러나 현실에서는 이러한 생각이 많은 사람들에게 지지를 받고 있다. 즉 많은 사람이 연애를 하면 반드시 섹스로 맺어진다고 하는 연애→섹스의 흐름을 당연하게 받아들이고 있다.

나이가 많은 사람들도 연애는 한다. 물론, 젊은이들처럼 섹스를 자주 하지는 못할 것이다. 그렇다고 해서 그것이 연애가 아니라는 주장은 연애→섹스라는 흐름에서 오는 편견에 불과하다.

분명히 섹스가 있는 연애가 상황적으로 유리하다. 그러나 육체 관계가 없어도 연애는 잘 할 수 있다고 생각한다. 섹스를 하지 않는 만큼, 서로에 대한 마음이 더 절실해지는 점도 있을 테니까.

섹스와 연애가 밀접한 관계에 있다고 보고 섹스를 했다면, 스스로 합리화하기 위해 원래부터 연애 감정이 있었다고 생각하게 될 수도 있지 않을까? 그렇게 생각하면, 섹스로 시작되는 연애도 성립이 가능하다. 즉, 섹스→연애의 흐름이다.

물론, 말도 안 된다고 생각하는 사람들이 많으리라 생각한다. 그러나 섹스를 하게 된 이유가 좋아하는 감정이 있기 때문이라고 믿고, 이후의 만남을 잘 이어 간다면 그것도 나름대로 괜찮지 않을까?

연애를 하고 나서 섹스를 하는 것과, 섹스를 하고 나서 연애를 하는 것은 본질적으로 크게 차이는 없다고 본다.

좋은 의미로도 나쁜 의미로도 로맨틱한 환상이 있기에 사랑이 성립된다고 말할 수 있지만 이러한 로맨틱한 환상만을 근거로 섹스를 할 것인지 말 것인지를 정할 수는 없다.

음식과 섹스의 관계

　음식과 섹스의 닮은 점을 욕구의 관점에서 살펴보려고 한다. 심리학자 매슬로 박사에 의하면, 인간에게는 다섯 종류의 욕구가 있다고 한다. 우선 생리적 욕구, 먹고 싶다, 자고 싶다, 섹스하고 싶다고 하는 소위 동물적인 욕구이다. 그 다음으로는 안전의 욕구이다. 생리적 욕구들이 어느 정도 충족되면, 서서히 인간에게만 있는 욕구가 한 사람으로서 인정받고 싶다, 사람답게 살고 싶다, 자아실현을 하고 싶다와 같이 사회적인 욕구가 생겨나게 된다.

　그리고 욕구의 면에서 음식과 섹스를 생각해 보면, 둘 다 생리적 욕구에도, 사회적 욕구에도 속하고 있음을 알 수 있다. 배를 채우는 것이나 섹스를 하는 것이나 모두 최초로 충족되어야만 하는 생리적 욕구지만, 인간은 그것만으로는 만족할 수 없으며, 더욱 높은 곳을 목표로 한다.

사람은 식사를 할 때도 잘 차려진 진수성찬을 배짱이 잘 맞는 친구와 이야기하면서 먹고 싶어 한다. 그와 마찬가지로 섹스도 좋은 분위기에서 만족감과 애정을 느끼면서 하고 싶어 한다. 즉, 더욱 인간적이고 더욱 멋지게 살고 싶다고 생각했다면 음식도 섹스도 나에게 이로운 것이 되는 것이다. 음식과 섹스는 생리적 욕구와 사회적 욕구가 똑같이 배분되고 섞이기 때문에 밀접한 관계가 있다고 할 수 있는 것이다.

그러나 최근에 만남을 주선하는 온라인 사이트가 성황인 것을 보면, 질 높은 욕구를 충족하고 있는 사람이 늘었다는 말은 조금 틀린 말일 지도 모른다. 얼굴도 모르는 사람과 만나서 즐기는 '가벼운' 섹스는 생리적 욕구 수준을 충족시킬 뿐이다. 음식에 비유하자면 '패스트푸드 섹스' 라고 할까. 섹스의 횟수나 양이 아니라 질의 향상을 생각했으면 하는 바람이다.

음식도 섹스도 나에게 이로운 것이 되는 것이다. 음식과 섹스는 생리적 욕구와 사회적 욕구가 똑같이 배분되고 섞이기 때문에 밀접한 관계가 있다고 할 수 있는 것이다.

여성도 가벼운 만남을 원한다

　가볍다는 뜻에도 여러 가지가 있지만, 여성에게 아무런 대가도 없이 애정도 없는 섹스를 할 것이냐고 묻는다면 아마도 "No!" 라고 대답할 것이다.
　여성은 남성만큼 섹스를 원하지는 않는다. 또한 '여성이 성행위에 적극적이어서는 안 된다' 라고 하는 사회적인 규범도 존재한다.
　게다가 여성은 임신의 위험도 있고, 단순히 육체 관계만을 위해서 일부러 남자를 사귀는 법도 거의 없다. 그리고 비록 '가볍다' 고는 해도 어느 정도 대가를 바라는 여성들도 상당수 있을 것이다. 최근에는 좋아하는 사람과는 섹스를 할 수 없다 그래서 그 사람 외의 파트너가 있다는 여성들의 이야기도 간간이 들린다.
　그 배경에는 '그에게 꾸미지 않은 모습을 보여 줄 수는 없다' 고 하는 복잡한 심리상태가 있겠지만, 이런 경우에 섹스를 통하여 자신이 쉴 곳을 찾는 것이다. 쉴 곳을 찾은 것만으로 충분히 보상을 받았다고 생각하지만, 스스로는 보상을 받았다고 생각하지 못하기 때문에 가벼운 섹스라고 생각하고 있는 것이겠다.

한편, '사랑이 없는 섹스는 하지 않는다'라고 말하던 여성도 실제로는 애정 외에 무언가를 바라는 경우가 상당히 많으리라고 생각된다. 예를 들면, 가장 큰 선물로 결혼이라는 생활 보증을 받는 경우이다. 아무런 대가도 바라지 않고, 가벼운 섹스를 할 수 있는 여성들은 '여성은 성행위에 적극적인 태도를 보여서는 안 된다'라고 하는 규범의식에 구애받지 않는 여성이거나 혹은 상대 남성과 대등한 경제력을 가진 여성에 국한된 것은 아닐까? 덧붙여서 말하면, 미국이나 유럽에서는 경제력이 있는 여성일수록 섹스에 대하여 적극적이라고 한다.

섹스를 통하여 자신이 쉴 곳을 찾는 것이다. 쉴 곳을 찾은 것만으로 충분히 보상을 받았다고 생각하지만, 스스로는 보상을 받았다고 생각하지 못하기 때문에 가벼운 섹스라고 생각하고 있는 것이겠다.

31. 남성과 여성의 '기분 좋은 섹스' 차이

　남성의 경우에는 성적 흥분이 고조되고, 육체적으로 만족하는 것이 '기분 좋은 섹스'의 중요한 요소이다. 그렇기 때문에 애정보다도 먼저 육체적으로 만족시켜 주는 상대방을 원하는 남성도 적지 않다.

　그리고 교제 상대를 섹스 상대로 기대하는 경향이 있다. 젊다든지, 스타일이 좋다든지, 섹시하다든지, 테크닉이 뛰어나다든지 말이다. 이러한 것들은 '기분 좋은 섹스'의 부가가치이다. 연애 감정도 섹스의 향신료는 될 수 있지만, 섹스를 하고 난 뒤 차츰 감정이 고조되는 사람이 많을 것이라고 생각한다.

　반대로, 여성이 '기분 좋은 섹스'라고 느낄 때는 상대방과의 연애 감정이 중요한 전제조건이 된다. 즉, 앞에서 말한 바와 같이 연애와 섹스를 함께 생각하는 경향은 남성보다 여성이 강한 편이다. 여성은 섹스 도중에도 '이 사람은 나를 좋아하는 것일까? 아니면 단지 섹스를 즐기는 것일 뿐일까? 등 이런저런 생각을 하게 된다.

  위의 내용들은 옛날부터 전해진 이야기로 맞는 부분도 있고, 맞지 않는 부분도 있을 것이다. 따라서 남녀라는 틀에서 보기보다는, 사고방식을 포함한 각각의 개성에 따라 나누는 것이 옳을지도 모른다.

  단, 기본적으로 '기분 좋은 섹스'라면 남녀 사이에서 공통적으로 느끼는 부분이 매우 많다고 생각한다. 상대방과 문자 그대로 벗은 채로 만나기 때문에 서로 친밀함을 느끼고, 서로의 육체를 공유하고, 마음을 채우고, 마음에서 해방되고, 자존심을 높이고, 비밀을 공유하며, 서로를 이해해 주는 이러한 측면은 두 사람에게 공통된 부분이다. 그것이 실현된 섹스는 인간에게 최고의 쾌락을 가져다주는 고마운 선물이 될 것이다.

  서로를 이해해 주는 이러한 측면은 두 사람에게 공통된 부분이다. 그것이 실현된 섹스는 인간에게 최고의 쾌락을 가져다주는 고마운 선물이 될 것이다.

PART V

가족, 친구, 동료와 연애하기

사람이 살아가면서 가장 큰 영향을 미치는 것 중 하나가 바로 인간관계일 것이다. 가족, 친구, 직장 동료는 누구나 반드시 맺어야 할 관계이다. 이성간의 연애 못지않게 심혈을 기울여야 하고 진심을 다해야 하는 것이라는 의미에서 '연애'라는 관점으로 규정지어 보았다. 이로써 우리는 '세상의 모든 연애'에 성공할 수 있는 비결을 갖게 되는 것이다.

01 마음이 맞는다고 여기는 심리 상태

살다 보면 유독 마음이 잘 맞는 것 같은 사람이 있다고 여겨지는 사람이 있다. 나와 마음이 잘 맞는 사람은 어떤 사람일까?

이것은 궁합의 문제라고 할 수 있다. 궁합의 규칙을 발견하는 일이 심리학의 특기분야라고 생각하는 사람들도 많겠지만, 요인이 너무 복잡하게 얽혀 있어, 확실한 법칙은 발견되지 않았다. 그렇기 때문에 마치 그것을 메우기라도 하려는 듯이, 혈액형, 십이지, 점성술과 같은 각종다양한 점이 대안으로 활약하고 있다. 그러나 이들은 어디까지나 비과학적인 방법들이다.

심리학적으로 접근한다면, 상대방이 나의 장점에 높은 가치를 매기고, 그것을 높게 평가하여 사 준다. 나 또한 상대방에게 그렇게 할 수 있다. 이것이 진정으로 '마음이 맞는' 사이라고 할 수 있을 것이다. 상대방이 원하는 것을 마침 내가 갖고 있었다는 상황에서 보듯이 타이밍이 좋은 것도 영향을 미치는 것이 틀림없다.

예를 들면, A씨와 B씨가 함께 이탈리아어로 여행하게 되었다. A씨가 B씨를 부른 이유는 B씨가 이탈리어를 유창하게 구사하기 때문에, 거기에 가치를 두고 어학 능력을 산 것이다. 그리고 B씨 입장에서도 자신의 능력을 산 A씨는 자존심을 높여 준 사람인 동시에 B씨는 스스로도 마침 이탈리아에 가고 싶다는 생각을 하고 있다. 틀림없이 두 사람은 '마음이 잘 맞는' 상태였다고 할 수 있겠다.

비록 스포츠가 특기라도 상대방이 그것을 비싸게 사주지 않는다면, 돼지 목에 진주목걸이일 뿐이다. 따라서 스포츠가 특기인 사람의 상대로는, 스포츠에 관심이 있고 기초를 가르쳐 줄 수 있는 상대를 원하는 사람이 적당하다.

동일한 관심사나 가치관을 가지고 상대방과 교류함으로써 서로가 많은 이득을 얻을 수 있다. 그리고 이러한 관계가 '마음이 잘 맞는' 심리상태라고 할 수 있겠다.

동일한 관심사나 가치관을 가지고 상대방과 교류함으로써 서로가 많은 이득을 얻을 수 있다. 그리고 이러한 관계가 '마음이 잘 맞는' 심리상태라고 할 수 있겠다.

02 생리적으로 싫은 사람과 친해지는 방법

우리도 모르는 사이에 자연스럽게 거부감이 느껴지거나 비호감으로 다가오는 사람이 있다. 그것은 외모에서 느껴질 수도 있고, 말투에서 느껴질 수도 있다. 그런데 그것이 왜 그런 것일까 자신에게 물어보면 이유를 찾을 수 없는 경우가 많다.

보통 이럴 때는 나의 성격 중에 안 좋은 면을 상대방이 갖고 있다거나 내가 달성할 수 없는 일을 상대방은 할 수 있는 건 아닌지 고려해 볼 수 있다. 그것을 본능적으로 알고 인정하고 싶지 않기 때문에 '왠지 마음에 들지 않아'라고 결론을 내리는 것이다.

'생리적으로 싫어'라고 하는 것은 기질에서 온다는 설도 있다. 성격에는 내장기관의 구조와 기능에 영향을 받아 형성되는 기질이라는 것이 있어, 그것이 성격의 일부가 된다는 것이다. 심리학자인 클레치마 박사는 체격이나 내장기관의 움직임, 몸의 어떤 부분이 잘 발달되어 있는가와 같은 기준을 이용하여 마른형, 비만형, 근육질형의 3가지 타입으로 기질을 나누었다. 성격의 일부인 기질은 체형에 따라 다르다고 한다. '마른 타입은 싫어'라든지 '뚱뚱한 사람은 싫어'라는 말은 각각의 기질을 생리적으로 싫다고 표현하는 것이다.

또한 내장기관을 지배하여 조절하고 있는 자율신경계의 움직임은 정신적 템포, 피로하기 쉬운 체질 등과 밀접한 관련이 있다고 한다. 게다가 호르몬 분비의 균형이 무너지면, 성격도 변한다고 한다.

이상과 같은 힌트로부터 상대방의 성격을 스스로 예상할 수 있는 경우(실제로는 모르지만)에, 생리적인 면에서 좋은지 나쁜지 판단을 내리는 것이다.

상대방의 성격을 스스로 예상할 수 있는 경우(실제로는 모르지만)에, 생리적인 면에서 좋은지 나쁜지 판단을 내리는 것이다.

03. 사소한 말 한마디로 오해를 사는 경우

이런 경우가 자주 생긴다면, 겁이 나서 다른 사람과 말도 할 수 없을 것이다. 별 생각 없이 던진 한 마디로 오해를 사는 것은 이미 두 사람 사이에 불신이 있기 때문이다. '저 사람은 나에게 악의를 갖고 있어' → '나는 저 사람이 한 말 때문에 화가 난 거야'라는 생각이 상대방에게 있었다는 뜻이다. 원래 잠재의식 속에 있던 생각대로 받아들이는 것이 사람의 심리이다. 이러한 불신감이 생기게 된 이유는 쌓이고 쌓인 이기적인 행동 탓일지도 모른다. 인간이란, '나만 잘되면 돼', '다른 사람과 약속을 지키지 않아도 나만 들키지 않으면 상관없어'라는 생각을 하는 생물이다.

세상 사람들 전부가 '나 한 사람 정도 무슨 짓을 한다 한들 별 일이야 있겠어?'라며 자신에게만 득이 되도록 행동한다면, 결과적으로 자신을 포함한 사회 전체에 해를 끼치게 된다. 이것을 사회적 딜레마라고 하는데, 특히 일회성 만남에 그치는 상대에게 이러한 이기적인 행동이 나온다는 것을 알 수 있다.

그러나 계속 만나야 하는 상대와는 이기적인 행위를 조심하는 경향을 보인다. 지금, 이기적인 행위를 하여 득을 보았다 하더라도, 장래에 좀 더 큰 손실이 되어 돌아올지도 모른다는 사실을 알고 있기 때문이다. 따라서 상대방으로 하여금 이기적인 행동을 못하게 하고 싶다면, 먼저 상대방을 신뢰해 보고, 그래도 나를 배신하면 바로 보복해 줘라. 다시 말해, 그러한 이기적인 행위로 인해 얼마 안 있어 반드시 해를 입는다는 사실을 알게 해주는 것이다. 그렇게 하면 상대방과의 만남이 보다 협조적이 될 것이다. 우선 상대방을 신뢰하는 것은 결국 나에게도 이득이 되는 현명한 방법이라고 하겠다.

상대방을 신뢰하는 것은 결국 나에게도 이득이 되는 현명한 방법이라고 하겠다.

04 사람들과 부딪쳐 생기는 스트레스 해소법

사람들과 부대끼면서 생기는 스트레스는 사람들과 만나면서 줄일 수 있다. 구체적인 방법은 다른 사람에게 말하는 것이다. 친한 친구는 물론, 옛날에 알던 지인, 업무적으로 알고 지내는 동료와 같은 인간관계 네트워크를 총동원하는 것이다.

스트레스를 받고 있는데도 그것을 생각하지 않으려고 억지로 참는 것은 상당히 무리가 있다. 생각하지 않으려고 하기 때문에 오히려 의식해 버려서 그것에만 생각이 집중되어 버린다. 또한 다른 일을 생각하여 주의를 분산시키려고 해도 역시 돌고 돌아 스트레스의 원인과 결부된다. 다른 사람에게 말할 때 생기는 장점으로는 우선 스스로 문제를 간주할 필요가 없어진다는 것이다.

트라우마 체험을 유발하는 행동은 처음에는 불쾌하겠지만, 그 사이에 스트레스에 대한 면역 기능도 향상하여 저항력도 증가하기 때문에 장기적으로는 건강에 도움이 된다.

　이 외에도 스트레스의 원인이 되는 문제점에 초점을 맞춘 대처법도 있다. 우선은 스트레스의 원인을 먼저 집어내어 이길 수 있는 방안을 예측해 본다.

　이중 일기를 쓰는 것도 좋은 방법이다. 일기는 오래 쓸수록 효과적인데, 매년 어느 시기에 스트레스가 찾아오는지를 알 수 있다.

　다음으로 스트레스에 공연히 겁을 먹지 말고, 자신의 스트레스 반응을 얼마나 컨트롤할 수 있는가를 이론적으로 생각한다.

　스트레스가 생길 때는 마음을 편안히 갖고 운동을 하거나 노래방에 가는 등 몸을 움직여서 스트레스를 발산하도록 하자. 그래도 스트레스 해소가 안 되면 '잠을 잔다.' '될 대로 되라' 는 식이다. 이런 생각도 스트레스 해소법 중 하나이다.

스트레스가 생길 때는 마음을 편안히 갖고 운동을 하거나 노래방에 가는 등 몸을 움직여서 스트레스를 발산하도록 하자.

05 아버지를 존중하지 않는 자녀

자녀들은 부모를 경제적인 물주, 혹은 자신을 위해 희생하는 존재라고 생각하는 경우가 많다. 이것은 자녀의 잘못이기에 앞서 부모가 유발한 문제라고 말할 수 있다. 대체 부모들의 어떤 점이 이런 문제를 만든 것일까?

우리 사회에는 가정보다 업무를 우선으로 여기는 남성들이 아직도 많이 있다. 물론 업무량이 너무 많아서 퇴근 시간이 너무 늦거나 동료 간의 관계 유지를 위해서 회식을 자주 할 수도 있다. 그러나 가정을 최우선으로 여기는 마음이 있다면 어떻게 해서든 가족과 함께하는 시간을 늘릴 수 있다.

가정에 충실하지 않고서는 어디서도 자신의 역할을 완벽하게 해낼 수는 없다. 가정에 아버지의 자리, 아버지의 존재감이 없다면 아이들 앞에서 설 자리를 잃는 것은 당연하다고 볼 수 있다. 아이들은 아버지를 '경시' 하게 되고 관계도 멀어질 수밖에 없다. 부녀 관계는 물론이고 부부 사이도 점점 멀어질 것이다.

아버지가 가정에서 있는 시간이 너무 없다면 어머니라도 아이들과 함께 있는 시간을 많이 마련해야 한다. 어머니로부터 아버지가 함께 있을 수 없는 이유를 듣는 자녀들은 최소한 아버지를 '돈 벌어 오는 기계'로 여기는 일은 없다. 여기에 부부간의 충분한 이해와 대화는 필수라는 전제가 있음을 알아야 할 것이다.

그런데 현실에서는 아내가 남편으로 인해 속상한 감정을 겉으로 드러내는 경우가 많다. 이러한 불평과 불만 표출을 자녀 앞에서 하는 것은 금물이다. 아버지가 존중받는 가정은 그렇지 못한 가정보다 구성원 간에 큰 불화가 생기지 않을 확률이 훨씬 높다.

아버지가 존중받는 가정은 그렇지 못한 가정보다 구성원 간에 큰 불화가 생기지 않을 확률이 훨씬 높다.

06 엄마와 딸이 사이가 좋은 이유

남녀가 결혼을 한 후에 자녀가 생기면 부부의 역할보다 아버지, 어머니의 역할이 더 중요해진다. 그런데 부모 자신이 자립을 하지 못할 경우 성숙하지 못한 부모로 전락해 버릴 위험이 높다.

한 때 '파라사이트 싱글'이라는 단어가 유행했었다. 학교 졸업 후에도 부모님을 의존하면서 생활하면서 원하는 것이 있을 때 부모에게 요구하고 자신이 할 일을 부탁하고 지나치게 보호받는 럭셔리한 독신들을 말한다. 이 파라사이트 싱글은 한국에도 100만 명 정도 있는 것으로 추산된다.

현세대의 부모는 경제적으로도 풍요하고, 아이들이 언제까지나 자립하지 않고 집에 있어도 별로 지장을 받지 않는다. 남편의 부재로 외롭기 때문에 오히려 함께 있어 주는 아이들에게 고마워하는 마음조차 있는 것 같다. 또한 아버지로서도 아이들이 있기 때문에 부인을 맡겨둘 수 있다는 생각이 있을 것이다.

　부모에게 얹혀 사는 것처럼 보이는 파라사이트 싱글은 가정에서 나름 중요한 역할을 하고 있는 것이다. 파라사이트 싱글인 여성은 지갑 대신 어머니와 함께 외출을 하고, 어머니도 딸을 같이 놀아주는 친구처럼 생각하여, 사이가 좋은 모녀관계가 형성된다. 이들은 '일란성 모녀'라고 불리기도 한다. 이것이 아이를 자립시켜야 하는 부모의 역할이 아닌 것은 분명하다.

남녀가 결혼을 한 후에 자녀가 생기면 부부의 역할보다 아버지, 어머니의 역할이 더 중요해진다.

07 형제자매는 '동지'가 될 수도, '라이벌'이 될 수도 있다

　형제끼리 많이 비슷한 환경에서 자라면 서로 닮게 되어 라이벌이 되는 경향이 있다. 같은 유전자를 받아서 닮은 형제인 만큼, 부모를 비롯하여 선생이나 주변 사람들이 간단히, 게다가 정확히 두 사람을 비교할 수 있기 때문에 당사자들은 라이벌 의식을 갖게 될 수밖에 없다. 구체적으로는 동성끼리라거나, 연령의 차이가 적은 형제가 그렇다.

　부모가 첫째 아이에게 둘째 아이와 사이좋게 지내도록 보살펴 주게 해 놓으면 심각한 라이벌 구도를 형성하지는 않는다. 첫째 아이의 자존심이 충족되어 마음에 여유가 생기면, 아래의 형제를 도와주고 보살펴야 한다는 마음이 생겨 자녀끼리 사이가 아주 좋다.

　덧붙여서 말하면, 형제가 닮았는가, 닮지 않았는가는 유전적 요인만이 아니라, 생육 환경의 요인도 크게 작용한다. 이란성 쌍둥이는 유전만을 생각하면 보통의 형제와 완전히 똑같다. 그러나 보통의 형제들보다도 이란성 쌍둥이들이 많이 닮은 이유는 키워진 환경이 보통 형제보다도 닮았기 때문이다.

  연령, 육아경험 등을 포함한 부모의 환경도 완전히 같은 데다가, 의식주의 환경도 똑같이 닮았기 때문이다. 그 때문에 첫째 아이는 '의젓하고 조심스러운', 둘째는 '사교적이고 처세에 능한' 아이라고 흔히들 말하는 성격의 차이가 이란성 쌍둥이 사이에서는 생기기 힘든 것이다.

형제끼리 많이 비슷한 환경에서 자라면 서로 닮게 되어 라이벌이 되는 경향이 있다.

08 부부 사이의 '사랑'은 변할까

부부생활과 연애는 전혀 다르다고 생각하는 것이 좋다. 결혼 후의 행복은 '사랑'이라는 연애감정이 유지될 수 있느냐 없느냐로 결정되는 것이 아니기 때문이다.

따라서 '좋아하니까, 같이 있고 싶어!'라는 생각만으로 연인과 결혼하면 점점 생각의 격차는 커지게 된다. 왜냐면, '사랑'이라는 감정에 스스로 빠져 있는 경우가 많아서, 일상생활을 하다 보면 이런 저런 어려움을 자주 만나기 때문이다.

앞에서도 몇 번이나 말했다시피, 연애 감정은 최면을 걸듯이 스스로 빠져드는 경우가 많다. 사실은 그것만으로 연애는 매우 즐거운 것이기도 하지만, 결혼 전부터 자신의 생활방식이 고정되어 있다면 '새로운 파트너와 새로운 생활을 시작하는' 마음가짐으로 결혼을 준비하는 편이 좋을 것이다.

그러면 연인이던 남녀가 결혼을 한 후에는 어떤 감정을 느끼게 될까. 아이들이 있는 부부는 아이들 때문에 부부 사이가 멀어질 수도 있지만, 반대로 이전보다 더욱 친밀해질 수도 있다.

서로가 가장 중요한 것(=소중한 아이)을 공유하고 있다고 생각한다면, 육아를 통한 파트너십을 얻을 수 있을 것이다. 그러나 아이가 연애 감정이 식어 버린 부부의 마음을 메우는 역할을 하고 있다고 생각한다면, 별로 행복한 생활이라고는 할 수 없을 것이다.

'남자는 일, 여자는 가정'에 주로 몰두하고 있는 부부의 경우, 서로가 없으면 생활을 할 수 없는 관계가 되어 버렸기 때문에 서로에게 '기대는 사랑'이 생기게 될 것이다. 헤어지는 일조차 번거롭게 생각하게 된 부부 사이에는 서로 친구와 같은 '우정'이나 서로를 '이해하는 사랑'이 생기지는 않을까.

어느 쪽이 바람직한가는 말할 필요도 없겠다.

연애는 매우 즐거운 것이기도 하지만, 결혼 전부터 자신의 생활방식이 고정되어 있다면 '새로운 파트너와 새로운 생활을 시작하는' 마음가짐으로 결혼을 준비하는 편이 좋을 것이다.

고부간의 적대관계는 어떤 심리의 메커니즘인가

일본에서 다수파를 차지하는 부계 3대 가족의 고부간 적대관계를 생각해 보자.

일본 만화영화 '사자에 상'은 소수파인 모계3대 가족의 이야기이다. 이는 오랜 시간 집에서 함께 지내는 주부들 사이가 친부모 자식인 편이, 밝은 가정을 설정하기 위해서는 더 적합하다고 생각했기 때문이다.

그것은 어찌 되었거든 간에, 본인들은 그러한 사회적 편견으로 만들어진 사이가 나쁜 며느리와 시어머니를 충실하게 연기하고 있다. '의지가 사람을 만든다'는 속담처럼 역할과의 적합화에 빠져 있는 것이다. 또한 시어머니가 자신의 남편인 시아버지와 친밀한 관계에 있다면, 아들의 신부에 대한 적대의식은 밀어낼 수 있는 상황이지만, 남편보다 아들의 시중을 드는 데 보람을 느끼는 시어머니도 적지 않기 때문에 여기에서도 며느리와 아들을 놓고 싸우는 보이지 않는 싸움이 벌어진다. 이처럼 어려운 인간관계의 대명사가 고부간의 동거이지만, 보다 보편적인 적대의 원인으로서는 세대 간 가치관 차이일 것이다. 지금의 시어머니 세대는 농가나 가업을 잇는 역할을 하며 살아온 경우가 많아, 부모를 부양하는 일이 자식의 당연한 의무라는 사고 방식이 남아 있다.

그에 비하여 며느리 세대는 핵가족에서 태어나 자란 비율이 많아 시어머니는 자신의 고유영역인 가정의 방해꾼이 되어 버렸다.

이러한 가치관의 차이를 해결할 수 있는 것은, 씁쓸하게도 젊은 부부가 맞벌이를 하여 가사와 육아를 시어머니에게 의존하거나, 시어머니가 아파서 며느리에게 보살핌을 받고 있을 경우와 같이 힘의 관계가 분명할 때라고 생각한다.

'가족은 애정으로 이루어진 것'이라며 부담을 느끼면, 오히려 관계가 삐걱거릴 수도 있다. 서로 '기브 앤 테이크'를 인정함으로써, 밝은 협력관계를 지향해야만 할 것이다.

인간관계의 대명사가 고부간의 동거이지만, 보다 보편적인 적대의 원인으로서는 세대 간 가치관 차이일 것이다.

열 손가락 깨물어서 더 아픈 손가락 있다

 같은 부모에게서 태어났다고 해도, 모두 다른 인간이고 성장 단계가 다르기 때문에, 당연히 형제간에도 차이가 있다. 그렇게 되면, 막내는 실제 이상으로 어리다는 느낌이 들어서 부모가 도와주지 않으면 안 된다는 생각을 한다. 이것은 부모 마음대로 우월감에 빠져서, 이쪽편이 절대강자라는 보증을 받는 것이기 때문에 '상대방에게 귀엽다' 는 감정을 가진다. 그에 비하여 첫째 아이는 막내보다도 능력이 빨리 발달하여 부모와 가까워지기 때문에, 절대적인 지위를 위협받는다고 느껴 '귀엽지 않아' 라는 생각이 드는 것이다.
 순위가 매겨지는 것은 형제의 능력이나 성격 등을 비교하면서 생긴다. 형제에 대하여 순위를 매기는 행동은 부모들만이 하는 것은 아니다. 아이들 당사자끼리 서로 비교 또는 경쟁을 하거나, 누가 더 부모에게 사랑받느냐로 질투심으로써, 부모가 형제에 대하여 순위를 매기는 일을 부추기는 점도 있을 것이다. 예를 들면, 첫째 아이가 귀여워하던 막내에게 부모가 첫째를 제치고 관심을 보이면, 질투심에 불타서 동생을 괴롭힌다. 그러면, 부모는 동생을 지켜야 된다고 생각하여, 첫째에게 관심을 돌리는 것이다.

부모가 아이들에게 순위를 매기지 않도록 만드는 요령의 하나는, 가족의 일에만 관심을 집중하지 않는 것이다. 가족에게만 관심을 두면, 오히려 형제간의 자질 차이가 크게 보여서 아무래도 순위를 매기게 되어 버린다. 가족 이외의 인간관계에도 폭넓게 관심을 보이면, 아이들 사이의 구체적인 자질의 차이가 그다지 눈에 들어오지 않는다. 게다가 다른 친구들과 비교하면, 내 아이들이 역시 닮았구나, 도토리 키 재기였다는 사실을 알게 될 것이다.

부모가 아이들에게 순위를 매기지 않도록 만드는 요령의 하나는, 가족의 일에만 관심을 집중하지 않는 것이다.

부모가 아이를 학대하는 심리 상태

　자녀들은 부모를 닮게 마련이다. 부모들은 자신의 부모에게서 받은 양육법을 무의식적으로 따르게 마련이다. 부모가 즐겨 쓰는 말, 자주 하는 행동을 어느 새 자신의 자녀에게 그대로 하고 있음을 무의식중에 느낄 때가 많을 것이다. 이것을 '동일시' 혹은 '동일화' 라고 한다.

　여자아이들은 소꿉놀이를 할 때 엄마의 말투나 행동을 재현하는 경우가 많고, 남자아이들은 아버지의 몸짓, 말투, 습관을 따라하는 경우가 대부분이다. 아버지가 어머니를 때리는 모습을 보고 자란 남자아이 역시 결혼을 해서 아내에게 손찌검을 할 확률이 높은 것은 우연이 아니다. 이처럼 자녀는 부모의 행동 패턴을 그대로 재현하는 것이 자연스러운 것이다.

　그렇기 때문에 아동학대는 부모로부터 아이에게 같은 식으로 대물림되는 경우가 많기 때문에, '폭력의 연쇄' 라고 부르고 있다.

아이들에게 부모로부터 받은 폭력은 매우 고통스러운 일이지만, 자신의 힘으로 부모를 선택할 수는 없기 때문에 자신이 당하는 폭력을 '어쩔 수 없는 일'이라고 생각하게 된다.

그러나 이 상황에서 납득을 했더라도 상황이 종료되지는 않는다. 따라서 어쩔 수 없이 폭력을 받아들여야 하는 경험을 하면, 자신이 부모가 되어 아이들을 학대하는 것도 당연한 일이라고 생각하게 되고 결국 자신이 모르는 사이에 자신의 자녀에게 폭력을 행사하는 것이다. 그리고 '아이들에게 폭력을 휘둘러도 어쩔 수 없어'라는 생각이 자리를 잡아 행동으로 드러나게 되는 것이다.

특히 부모가 아이에게 무슨 말을 해도 무시하거나, 위협하거나, 소중하게 생각하는 것을 일부러 고장 내고 아무데나 버리거나, 가족이나 친구 앞에서 바보취급을 하거나, 험한 말을 하는 행동은 정신적 학대에 해당한다. 이런 학대, 정신적 폭력을 받으며 자란 아이들은 자신의 자녀에게도 고스란히 표출하게 되는 것을 기억해야 한다.

정신적 폭력을 받으며 자란 아이들은 자신의 자녀에게도 고스란히 표출하게 되는 것을 기억해야 한다.

12 가정폭력을 일으키는 심리 상태

 첫 번째는 옛날부터 내려온 제도에 영향을 받고 있다고 생각한다. 가부장제에서는 남편은 아내를 보호하고, 아내는 복종하는 의무가 있다고 생각되었기 때문에 남편은 명령을 하거나 호통을 치는 것이 이상하지 않았던 것이다.

 두 번째는 남편의 의사소통 능력 부족을 들 수 있다. 결혼한 햇수가 오래될수록 부부 사이에서 대화하는 방식이 조금씩 달라진다. 보통 아내가 말을 걸고 남편은 듣기만 하거나, 듣는 척만 하는 경우가 많다. 일반적으로 여성이 남성보다 언어 능력이 뛰어나고 말하는 것으로 스트레스를 풀거나 기분을 나타내는 경향도 남자보다 더 강하다.

 그러나 남성들은 말로 표현하기보다 몸으로 표현하는 것이 더 발달돼 있기 때문에 화가 났을 때도 여성처럼 말의 양을 늘리지 않고 몸, 즉 손을 이용할 때가 많은 것이다. 똑바로 말을 할 수 없는 어린아이가 짜증을 내는 것과 같은 현상이다.

  세 번째는 경제적인 문제다. 남편의 수입이 적고 많음의 문제라 말할 수 있는데, 여기에는 두 종류의 메커니즘이 관계되어 있다. 하나는 수입이 적은 남편이 경제력을 무기로 아내에게 영향력을 행사하기 어렵다고 느끼고 아내에게 무시당하는 것이 두려워 폭력을 행사함으로 위화감을 조성하려는 것으로 볼 수 있다. 소득이 적은 남성은 대체로 사회적인 지위도 낮은데 그로 인한 스트레스를 아내에게 발산하는 것이다. 반대로 수입이 많은 남성은 사회적으로 지위가 높고, 자기만족도 역시 높기 때문에 다른 사람을 자신의 생각대로 움직이는 것이 당연하다고 생각할 수 있다. 그 연장선상으로 아내에게도 마음대로 하는 경향이 많다.

  부부관계는 어떤 면에서 서로 먹고 먹히는 관계인 것 같다. 남편은 집안일을 아내에게 모두 맡기고 아내는 경제적으로 의지하는 경우가 많아서, 상대방이 없으면 살아가기 힘든 상황이다. 그래서 폭력을 휘둘러도 상대방은 도망갈 수 없을 것이라는 교만함에 폭력이 발생하는 경우도 있을 것이다.

폭력을 휘둘러도 상대방은 도망갈 수 없을 것이라는 교만함에 폭력이 발생하는 경우도 있다.

13. 폭군남편 집에서 고부간의 갈등은 없다

"댁의 피아노 소리가 시끄러워요." "아니 그쪽의 개 짖는 소리야말로 귀에 거슬려요."라고 서로 다투던 이웃이 있었다. 그런데 양쪽 집 맞은 편에 교회가 새로 지어진 후에 더 큰 소음이 끼어들기 시작했다. 건물을 짓느라 몇 달 동안 시끄러운 소리에 더욱 신경이 거슬리게 된 것이다. 그리고 교회가 지어진 후에도 그곳을 다녀가는 사람들이 몰고 다니는 자동차의 경적소리로 소음이 끊이지 않았다.

그래서 서로 다투던 양쪽 집은 마음을 모아 교회에 항의를 하러 갔다. 개 짖는 소리와 피아노 소리가 시끄럽다고 다투던 사람끼리 공동으로 느끼는 소음에 한 편이 되어 손을 잡은 것이다.

이처럼 새로운 적, 공공의 적이 나타나면 사람들은 자기가 가진 갈등을 제쳐 놓고 결속하게 된다. 회사에서나 가정에서나 부부 사이에서도 외부에서 자기들을 위협하는 압력이 가해지면 내부 구성원간의 결속력이 강해지는 것이다. 이 '공통 적의 원리' 현상은 좁게는 개인 간에, 넓게는 사회간에, 국가간에 다양한 형태로 드러나고 있는 것을 알 수 있다.

재미 있는 예로, 작가 A씨가 쓴 〈고부간에 원만하게 지내는 법〉이라는 책이 있다. 그는 자칫 사이가 틀어질 수 있는 시어머니와 며느리에 대해 양쪽에 폭군 노릇을 한 남편과 그 모습을 닮은 아들에 대해 말한다. 남편과 아들의 모습이 너무 지독하기 때문에 시어머니와 자신 사이에 있는 문제는 잊고 폭군을 다루는 법을 함께 연구하거나 서로 위로하며 견디는 생활이 필요해진다는 것이다.

어느 유명한 영화배우 부부 사이에서 일어나는 갈등이 어느 잡지에 실렸다. 이 부부를 잘 아는 기자는 이 부부 사이에 갈등이 많은데도 헤어지지 않고 잘 사는 것이 불가사의하다고 여겼다. 언젠가 그 부부가 헤어질 거라 굳게 믿으며 주목하고 있었지만 기자가 그들 부부에 대한 문제를 잡지에 싣는 횟수가 많아질수록 부부의 사이가 점점 좋아지는 것이었다. 이혼의 위기에 대해 언급하며 결혼생활을 유지하는 것을 방해하는 기자의 행동에 부부는 힘을 합쳐 그 위기를 이겨낸 것은 부부가 공동 전선을 펼쳐 결국 적을 몰아낸 것이다.

정치가들도 국민이 정부를 공격할 때 외부의 위협을 이용한다. 세금이 높다, 실업률이 높다 등의 문제로 국민의 불만이 커지면 전쟁이 일어날 가능성이 있어 보이는 것처럼 조장한다. 국민이 공통의 적에 대해 일치단결하도록 하기 위해서이다. 이렇게 국민의 눈을 바깥으로 향하게 하면 당분간 국내 정치인들에 대한 불만이 사그라들기 때문이다.

　미국의 위렌 램버트(Warren Lambert) 등이 실시한 유명한 실험이 있다. 유대교와 그리스도교의 학생 몇 명씩의 팔뚝에 혈압계를 감고, 어디까지 압력을 견딜 수 있는지 실험했다. "자네들은 이교도들보다 인내력이 약해." 하고 귀엣말을 한 후 측정하면 어느 쪽 유대교나 그리스도교 학생이나 귀엣말을 하지 않았을 때보다 훨씬 더 오래 고통에 견딜 수 있었다. 이교도라는 공통의 적을 의식하게 함으로써 자기가 믿는 종교의 명예를 지키고자 하는 의식이 강해진 것이다.

회사에서나 가정에서나 부부 사이에서도 외부에서 자기들을 위협하는 압력이 가해지면 내부 구성원간의 결속력이 강해진다.

14. 친구끼리 우정이 깨지는 이유

친구 사이의 우정에 금이 가고 결국 깨지는 원인 중 하나로 '고슴도치 딜레마'가 있다. 고슴도치가 추위를 이기려고 서로 몸을 감쌀 때, 너무 바싹 다가가면 서로의 가시에 찔려 상처를 입게 되고, 그렇다고 떨어져 있으면 추우니까 다시 다가서고 싶어진다는 딜레마이다. 친밀한 사람이기 때문에 적절한 거리를 두기가 어려워서, 그것이 파국의 원인이 될 수 있다는 말이다.

① 상대방에게 어리광을 부린다. ② 상대방을 이용하고 있다. ③ 격의가 없어진다. → 이런 행동들이 자주 일어나면, 아무리 친한 친구라도 친구 사이는 파국을 맞이할 수밖에 없다. 부모 자식이나 부부간의 가정 붕괴도 이런 경우가 많을 것이다.

예를 들면, 친구들에게 돈이나 물건을 빌린 채로 돌려주지 않거나, 약속을 어긴 적이 있을 것이다. 이런 행동은 상대방에 대한 어리광이다.

돈이나 물건은 빌린 사람보다도 빌려준 사람이 더 잘 기억하는 법이다. 고맙다는 인사도 하지 않고, 그냥 지나친 일이 있는가?

'친한 사이에도 예의는 지켜라' 라는 말을 새겨듣기 바란다.

상대방을 이용한다는 지적에 대해서는, 자주 있는 이야기인데 친구에게 냄비나 속옷을 강매하려고 하는 왠지 미심쩍은 사업에 대한 권유를 들 수 있다. 그리고 너무 격의가 없어서 상대방에 대하여 지나치게 호된 비판을 한다거나 반대로 노골적으로 역성을 드는 것도 문제이다.

자각하고 있는 자신의 단점을 지적받는 일은 비록 친구라고 해도 불쾌하며, 듣기에도 민망한 무리한 칭찬은 점차 신뢰를 잃어 가는 원인이다.

특히 연애의 상담역을 할 때는 상대방이 이야기를 하면 들어주고, 부탁을 하면 힘을 빌려주는 정도가 적당하다. 너무 깊이 관여하지 말고, 일정한 거리감은 항상 유지한다. 이것이 인간관계를 오래 유지하는 비결이다.

자각하고 있는 자신의 단점을 지적받는 일은 비록 친구라고 해도 불쾌하며, 듣기에도 민망한 무리한 칭찬은 점차 신뢰를 잃어 가는 원인이다.

15 직장에서 자연스럽게 그룹이 만들어지는 이유

자신이 어떤 사람인가를 알기 위해서는 그룹이 필요하다.

주관적으로 "저는 ○○한 사람입니다."라고 말하면서, 스스로도 '그 말이 사실일까?' 라고 느끼게 된다. "저는 ○○ 회사 사원입니다."라든지 "저는 ○의 멤버입니다."라고 소속 그룹을 밝히면, 자기 자신을 훌륭하게 특정화할 수 있다. 또한, 소속그룹에서도 그룹 내에서 수행하고 있는 자신의 역할을 단서로 자기 정체성(identity)을 찾을 수 있다.

다시 말해서, 자신은 이러한 사람이 아닐까, 이러한 사람이면 좋겠다 등과 같이 자신이 생각하고 있는 것은 뒤에서 지지해 주는 그룹을 필요로 하고 있는 것이다. 그래서 자연스럽게 그룹이 만들어지는 것이고, 부모들은 자신의 아이들을 운동회나 졸업식에서 찾으려고 한다. 그날 아침에 집에서 학교로 간 아이가 갑자기 변할 리도 없건만,

부모는 열심이다. 이것은 집단 속에서 '내 아이가 어떤 모습일까'를 보는 것이 중요한 목적이기 때문이다.

'우리 아이는 건강한 편일까' 라거나 '우리 아이는 키가 큰 편일까'에 대하여 모두가 있는 가운데 확인함으로써, 아이의 정체성을 확실하게 하는 것이다.

인간의 정체성이란, 불확실한 것이라서 그룹 안에서 확인하고 싶어지는 법이다. 그래서 한 사람의 자기만족만으로는 불안하다. 그러나 달리기로 1등을 하고 '정말 잘 했다!' 라는 말을 들으면, '해냈다!' 라는 기분이 들어 자신이 잘 달린다는 사실을 실감하게 된다.

자신이 그린 마음에 드는 그림도 그것을 사려는 사람이 나타났을 때, '그래, 나는 화가였어.' 라는 정체성을 찾는다. 친구를 찾는 일도 그것과 마찬가지일 것이다.

인간의 정체성이란, 불확실한 것이라서 그룹 안에서 확인하고 싶어지는 법이다.

16 그룹에서 인기가 많은 사람은 어떤 타입일까

인기가 많은 사람은 '머리가 좋다' 혹은 '스포츠를 잘한다', '재미있다' 등 다른 사람보다도 조금 튀는 능력을 갖고 있는 사람들이다.

여기에서 바로 알아야만 하는 사실은, 때때로 능력이 있는 사람이 미움을 받거나 질투의 대상이 될 수도 있다는 점이다.

많은 사람들이 '나는 어떤 사람일까'에 대하여 생각할 때, 자신이 소속된 집단 사람들과 비교를 한다. 이때, 상대방과 나의 우열 관계에 포인트를 맞춰, 상대방이 나보다 우수하다면 당연히 재미가 없을 것이다. 내 자존심을 위협하는 상대를 좋아하게 될 가능성은 매우 낮기 때문이다.

그러나 자신이 소속그룹 자체의 가치를 올려 줄 수 있는 사람이라면 그룹 내에서 중요한 사람이 되어 인기가 많아진다. 예를 들면, 모교 스포츠 팀이 전국우승이라도 하면, 많은 학생들은 '내 일처럼' 기뻐하며 팀의 멤버들은 교내의 영웅이 된다.

　인기가 많은 사람들의 절대조건은 능력을 가진 집단의 가치를 끌어올리면서도 질시를 받지 않는 것이다. 그러기 위해서 그다지 친하지 않은 사람에게는 자신의 우수함을 보여도 상관없지만, 친한 사람에게는 자만하는 모습을 보이지 않는 편이 좋을 것이다. 그것보다 농담을 하거나, 자신의 실수를 드러냄으로써 자신의 약점을 보이도록 한다. 그렇게 하여 상대방의 패배의식, 열등감을 누그러뜨릴 수 있다. 그러한 행동들은 상대방의 자존심을 세워 주기 때문에 인기도 유지할 수 있다.

　그러나 어느 쪽도 너무 과하면 역효과가 난다. 이를 '검은 양 효과'라고 하며, 같은 멤버의 실패는 '이런 놈과 내가 같은 소속인 거야?'라는 생각을 들게 하고, 사회적 정체성의 평가를 낮추는 계기를 만들어 비난이 거세지게 된다.

때때로 능력이 있는 사람이 미움을 받거나 질투의 대상이 될 수도 있다는 점이다.

17 리더의 역할

옛날에는 리더를 '선천적으로 리더십이 있는 성격이나 능력을 갖추고 있는 사람'이라고 생각하였다. 이것이 리더 특성론(特性論)이다. 그러나 그에 대한 구체적인 조건은 그다지 명확하게 제시되지 않았다.

이제는 누가 리더가 될 것인가를 문제 삼는 것이 아니라, 리더는 무엇을 해야 하는 사람인가를 중요시하게 되었다.

이것이 리더십 기능론이다. 구체적인 리더십 행동으로서 첫 번째는 목표달성을 위한 행동, 두 번째는 그룹을 통솔하기 위한 행동을 들 수 있다.

그러나 이러한 기능론에서도 집단행동을 잘 리드할 수 있을까 없을까 예측을 하기 어렵다는 사실을 알 수 있다.

왜냐하면, 똑같은 리더십 행동을 하더라도 그룹의 상황에 따라 결과가 달라질 수 있기 때문이다.

여기서 나오게 된 생각이 리더십의 상황 이론이다. 예를 들면 리더와 멤버 간에 사이가 나쁘거나, 과제 수행 순서가 불명확하다거나, 리더에게 권한이 없을 경우와 같이 통제하기 어려운 상황에서는 관계지향형 리더십이 제대로 발휘되기 어렵다. 이런 경우에 과제지향형 리더십을 채택한다면, 집단은 생산적이 될 것이다. 그룹이 뿔뿔이 흩어진 상태에서는 리더가 수행해야 할 일을 확실히 지시하여 방향을 정해 주고, 멤버들을 이끌어 가는 것이 좋다. 작은 집단이 형성되어 통솔하기가 쉬워졌으니 의욕이 있는 멤버에게 모든 것을 맡기고, 리더는 멤버간의 관계가 악화되지 않도록 사기를 북돋우는 데 주력한다.

이와 같이 상항에 따라 리더십의 대처방식을 바꾼다 하더라도 결코 멤버의 불신을 만들지는 않는다.

누가 리더가 될 것인가를 문제 삼는 것이 아니라, 리더는 무엇을 해야 하는 사람인가를 중요시하게 되었다.

18 직장 내에서 좋거나 싫어하는 마음이 생길 때

　현재 다니고 있는 직장의 구조가 능력이 있는 사람이 같은 직장의 동료에게 이득을 가져다주는 구조라면, 능력이 있는 사람, 일을 잘하는 사람은 인기가 있다.

　그러나 제로섬게임과 같이 누군가가 실적을 올려 평가가 올라가면, 그에 따라 다른 사람의 평가가 낮아지는 직장에서는 일을 잘하는 사람은 미움을 받게 된다. 요컨대, 업무 능력이 뛰어난 사람이 인기가 있느냐 없느냐는 직장의 구조 문제인 것이다.

　직장 내에서 미움을 받는다고 하는 점에 있어서는, 일을 잘하는 여성이 남성보다도 더 미움을 받는다는 이야기도 있다.

　그러나 이것은 일 잘하는 여성들의 편견이기도 하다. 남성과 대등한 능력을 보여 주면 일반적인 여성상에서 일탈하기 위해 '귀여운 데라고는 한 군데도 없네, 여자답지 않다' 라며 미움을 받는다고 생각해 버리기 때문이다.

　이것을 '성공에 대한 공포'라고 한다. 단, 실제로는 여성 자신의 기분 문제로, 일을 잘한다고 해서 그렇게 미움을 받는 것은 아닐 것이다. 실제로 일본에서는 '성공에 대한 공포'가 남성에게도 해당된다는 지적을 받고 있다. '모난 돌은 정 맞는다.'는 말이 그에 해당된다. 일본에서는 직장인들에게 '무엇을 잘 하는가', '어떤 능력이 있는가'라고 하는 개인의 능력을 문제시하기보다는 직장에 얼마만큼 조화를 이루며, 분수를 알고, 인화를 유지하면서, 직장을 위해서 공헌할 수 있는가에 포인트를 맞추는 경향이 있기 때문이다.

　아무리 능력이 있어도 이를 무시하고 돌진하면 일을 하기 어려워진다. 단, 최근에는 성과주의가 되고 있기 때문에 충성심만으로는 통용되기 어려워지고 있긴 하지만, 업무능력과 암묵적인 규칙을 이해할 수 있는 능력의 조화는 떼려야 뗄 수 없는 과제인 것이다.

개인의 능력을 문제시하기보다는 직장에 얼마만큼 조화를 이루며, 분수를 알고, 인화를 유지하면서, 직장을 위해서 공헌할 수 있는가가 중요하다.

후배들과 잘 지내는 방법

대체로 사람들은 자기보다 나이 어린 사람에 대하여 안 좋은 편견을 갖고 있다. '내가 무슨 행동을 해도 저 사람은 분명히 나를 나쁘게 생각할 거야.' 라고 생각한다.

그렇게 되면 상대방과 점점 사귀기 어렵게 된다. 일에 대한 이야기는 커녕, 아침인사나 "오늘 날씨 좋네요."와 같은 습관적인 말을 거는 것조차 힘들어져서, 나중에는 서로 피하게 된다. 우선은 그러한 편견을 버리자.

젊은 사람들을 피하고 싶다는 생각은 이해하지만, 그 상태가 계속되면 상대방이 자신을 좋아할 리가 없다. "당신을 좋아해요. 그러니까, 좋은 만남을 갖고 싶어요."라는 의사표시를 하는 것이 중요하다.

사람은 자신을 긍정적으로 평가해 주는 사람을 좋아하는 경향이 있다. 이것을 '호의의 반보성이라고 하며, 긍정적인 평가에 따라 본인의 자존심이 세워지기 때문에 그에 대한 보답을 하고 싶어지는 심리이다. 다시 말해, '긍정적 평가=당신을 좋아해' 라는 의사표시는 상대방에 대한 '보상' 이 된다.

더욱이 상대방이 자신의 자존심을 회복하고 싶어 하는 상황에서, 그 보상효과는 훨씬 높아진다. 예를 들면, 낙담하고 있을 때나 자신감을 잃었을 때이다. 사람은 스스로를 '그다지 나쁘지 않다' 라고 생각하려는 마음이 있기 때문에, 이러한 상황에서 위로를 해주면 굉장한 도움이 된다.

상대방의 자존심을 세워주며 후배와 잘 지내기 위해서는 나에게도 자존심이 필요하다. 상대방에 대한 호의의 의사표시를 '아양을 떤다', '아부한다' 등 비굴하다고 생각하지 말고, '스킬의 고수' 라고 해석해 보라. 이러한 점을 이해하여, '기분 좋게 해주자' 정도의 여유로운 태도로 상대방에게 접근해 보면 어떨까?

젊은 사람들을 피하고 싶다는 생각은 이해하지만, 그 상태가 계속되면 상대방이 자신을 좋아할 리가 없다.

20 직장 상사나 연장자와 잘 지내는 방법

 나와 같은 세대인 사람은 나와 환경이 비슷하기 때문에 행동이나 생각을 예상하기 쉽고, 비교적 무리 없이 지낼 수 있다. 그러나 세대가 다른 사람은 다른 문화에서 살아온 사람들이라서 사고방식이나 행동패턴에 차이를 느낄 수밖에 없는 상황도 있을 것이다. '세대차이' 라는 말을 많이 들어 보았을 것이다.
 이 차이에 대하여, 다국적기업의 연구를 했던 홉스테드 박사의 생각을 토대로 살펴보자. 그녀는 세계 각 나라의 문화가 다음의 5가지 면에서 다르다고 파악했다.
 첫 번째, 상사와 부하 사이 혹은 친지관계에서 힘의 불평등이 생기는 것을 받아들일 수 있는가, 없는가? 두 번째로 개인주의인가, 집단주의인가? 서구의 입장에서 볼 때, 동양은 집단주의적이고 집단이 있기에 개인의 이득이 있다는 것이 일반적인 생각이다. 세 번째로 성공이나 대우 등을 중시하는 남성성과 좋은 인간관계나 마음의 안정에 무게를 두는 여성성, 어느 쪽에 우선순위를 두고 있는가? 네 번째는 애매함을 피하기 위하여, 규칙을 중시하고 시간에도 엄격한 편인가? 다섯 번째로 시간이 오래 걸려도 타산이 맞으면 괜찮다고 생각하는가, 아니면 결과가 바로 나오기를 원하는가?

이들의 차이는 연령차가 나는 사람과 대화를 나누며 '뭔가 다르다'라고 느끼는 포인트와 겹치는 부분이 많다고 생각한다. 물론 어느 한쪽이 옳다는 것은 아니다. 따라서 상대방을 무리하게 바꾸려고 하여 덤벼들면, 쓸데없는 스트레스를 받게 될 것이다.

세대차는 있는 것이 당연하다. 서로 좋은 자극을 주겠다는 가벼운 마음으로 조금씩 다가가 보면 어떨까?

어느 한쪽이 옳다는 것은 아니다. 따라서 상대방을 무리하게 바꾸려고 하여 덤벼들면, 쓸데없는 스트레스를 받게 될 것이다.

21 직장에서 싫어하는 상사와 잘 지내는 방법

직장에서 받는 가장 큰 스트레스는 상사로 인해 생기는 경우가 많다. 지위가 높은 사람은 아래에 있는 사람의 기분을 좀처럼 알 수 없다. 왜냐하면 아래에 있는 사람의 기분을 알지 못해도 별로 자신에게 해가 없기 때문이다. 또한 간단히 인간관계를 결론지으려고 하기 때문에 편견도 쉽게 갖는다.

그러나 그 때문에 아래에 있는 사람이 낙심할 필요는 없다. 우선 스트레스 해소법을 익혀 보라. 스스로 어떤 기분일 때 어떻게 하면 기분이 나아졌는지를 알면 스트레스를 이길 수 있다.

한편, 상사의 욕이나 험담을 하여 스트레스를 해소하려고 생각하는 사람들이 있지만, 그렇게 하면 자기 이미지만 나빠지고, 스스로도 기분이 개운치 못하다. 게다가 불행히도 그 험담이 본인의 귀에라도 들어가면 그때는 관계 회복이 불가능하게 될 소지가 다분하다.

저마다 스트레스를 받을 때마다 해소하기 위한 방법이 있을 것이다. 쇼핑으로 풀기도 하고, 수다로 풀기도 하고, 운동을 통해 풀기도 한다. 그러나 꼭 어떠한 활동을 하면서 풀리는 것만은 아니다.

마음이 흘러가는 대로 조용히 기다리는 것으로 스트레스를 풀 수도 있다. '지금은 좋지 않은 상황이지만, 이전에는 더 나빴었지'라고 생각하는 것도 때로는 유효하다고 생각한다. '내 힘으로 안 된다면, 한 걸음 뒤로 물러나 볼까' 하고 생각해 보는 것도 좋다.

스트레스 최고조인 시기가 지나 마음에 조금이라도 여유가 생긴다면 무리하지 않는 범위 내에서 상대방에게 충성을 맹세하는 척하는 모습을 보여 주자. 처음에는 시늉만으로도 괜찮다. 거기에 만족해하는 상사를 보고, 당신도 상사에 대한 불쾌한 기분이 사라지게 될지도 모른다. '친절은 베풀면 돌아온다'는 말이 있다. 언젠가는 나에게 되돌아올 것이라 생각하고 내가 먼저 마음을 여는 모습을 보여 보자.

마음이 흘러가는 대로 조용히 기다리는 것으로 스트레스를 풀 수도 있다. '지금은 좋지 않은 상황이지만, 이전에는 더 나빴었지'라고 생각하는 것도 때로는 유효하다고 생각한다. '내 힘으로 안 된다면, 한 걸음 뒤로 물러나 볼까' 하고 생각해 보는 것도 좋다.

22. 직장에서 싫어하는 후배와 잘 지내는 방법

　비록 부하와의 관계가 껄끄럽다고 해도. 상사로서는 현장 집단을 잘 규합해서 이끌어 가야 하는 어려움이 있다. 이것에 대해서는 앞에서도 다루었던 사회 심리학의 리더십 연구를 참고로 하려고 한다.

　직장을 잘 이끌어 갈 수 있느냐 없느냐는 '책임감이 있다', '카리스마가 있다'와 같은 리더로서의 자질도 관계가 없는 것은 아니다.

　그러나 그것보다도 '집단 내의 인간관계를 조정하고 집단을 규합한다= 유지관리의 기능(관계지향형)'과 집단의 목표 달성이나 과제 해결 등의 활동을 솔선하여 실행한다 = 퍼포먼스의 기능(과제지향형)'을 잘 하느냐 못 하느냐가 관건이 된다.

　더욱이 그 집단이 현재 어떤 상황인가를 판단하여 이 두 가지 기능 중 어느 쪽을 중점적으로 밀고 나갈 것인가를 생각하는 것이 가장 중요하다. 이것이 휘들러의 조건적응모델이다.

그런데, 당신이 부하를 싫어하고 있다면 당연히 부하도 당신을 싫어하고 있을 확률이 높고, 결코 통제하기 쉬운 상황은 아니다. 따라서 이러한 부하에 대해서는 과제지향형의 리더십으로 밀고 나가자. 그리고 업무의 성과를 올려서, 서로 간에 협력을 하고 친밀함을 갖는 것이 얼마나 중요한 일인지를 깨닫게 해 준다. 그때, 부하와 싸움을 하더라도 건설적인 좋은 싸움이 되도록 늘 염두에 두기 바란다.

마음에 들지 않는 부하라고 해도 인격을 공격하지 말고, 행동 하나하나를 구체적으로 지적하는 것이 좋다. 상대방의 행동을 거울처럼 흉내 내는 최후 카운슬링 장면에서 사용하는 밀러링 방법은 어떨까. 상대방은 자신과 닮은 행동을 하는 당신에게 호의를 가지게 되어, 의사소통이 쉬워질지도 모른다.

마음에 들지 않는 부하라고 해도 인격을 공격하지 말고, 행동 하나하나를 구체적으로 지적하는 것이 좋다.

23 두려운 문제에서 벗어나는 것은 의외로 쉽다

정신분석에 의한 정신요법 중 하나로 '카타르시스(정화)법' 이라는 것이 있다. 이것은 억눌려서 무의식 속에 잠자고 있던 트라우마 (trauma,깊은 마음의 상처)에 의한 응어리를 말이나 동작, 행동이나 감정을 바깥으로 충분히 표출함으로써 해소하려는 요법이다.

평소 남자친구와의 관계를 제대로 맺지 못해 우울증을 겪던 중 자살까지 시도한 여성이 있었다. 어느 날 정신과 의사를 만날 기회가 있었는데 의사는 그녀에게 최면을 걸어 속에 있는 분노를 끌어내려고 시도했다. 의사는 "나를 돌아가신 아버지라고 생각하고 하고 싶은 말이 있으면 말해 보세요." 하고 말했다. 최면 상태에 빠진 그녀는 심하게 흐느끼기 시작했고 "하고 싶은 말이 남아 있는데 어째서 돌아가셨나요?" 하며 속에 있는 이야기를 꺼냈고 그러면서 의사의 몸을 양손으로 때리기까지 했다. 어릴 적 아버지의 권위에 눌려서 생활한 데다

성적 학대까지 받았던 기억을 의사 앞에서 표출한 것이다. 그런 경험을 한 후 그녀는 우울증 증세에서 벗어날 수 있었고, 이후 남자친구를 사귀는 데도 큰 어려움이 없었다. 즉, 무의식적으로 억눌러 쌓였던 원념이 최면 유도에 의해 돌파구에서 배출되고, 그것이 '카타르시스'가 되어 그녀의 마음속에 있던 무거운 짐을 꺼내 놓을 수 있었던 것이다. 정신적 트라우마까지는 아니더라도 일상생활 속에 이와 유사한 현상은 얼마든지 있다.

　오랫동안 같이 산 부부의 경우를 예로 들어 보면, 아무리 사랑해서 결혼한 사이라 하더라도 상대방에 대한 불평불만이 조금씩 쌓이게 된다. 이것을 참고 내버려두면 마침내는 넘을 수 없는 산처럼 높아지게 마련이다. 둘 사이의 벽이 높아지기 전에 불만을 터뜨려 버리는 것이 필요하다. 이것이 '카타르시스'가 된다. 종종 요란한 부부싸움을 해서 카타르시스 작용이 가동되면 더 심각한 상황으로 이어질 수 있는 파국을 면할 수 있게 된다. 부부 화합을 위해 부부싸움이 간혹 필요하다는 얘기다.

　이는 직장에서 대하기 어려운 상사와의 관계에서도 마찬가지다. 늘 그 상사에게는 꾸중을 듣는다고 해서 어렵게 생각하지만 말고, 속에 꾹꾹 눌러 담아 쌓아 놓지만 말고 카타르시스를 끌어내는 것이 좋다. 의외로 쉽게 그 담을 넘을 수 있을 수도 있다는 생각을 하기 바란다.

24 상대방에게 부탁하는 방법

사람은 누구나 윗사람이나 주위 사람들로부터 인정을 받고 싶어하는 승인욕구를 지니고 있다. 승인욕구는 다른 사람이 자신의 마음을 알아주기를 바라는 기본적인 욕구이다. 이것을 잘 이용하면 남에게 부탁하려는 일들이 순조롭게 이루어지기도 한다.

예를 들어 윗사람이 부하에게 이 일을 맡기려고 할 때 "A사원과 B사원이 다 바쁜 듯하니 자네가 이 일을 해주면 어떨까?" 하고 말하는 것보다는 "이 일은 자네밖에 할 사람이 없단 말이야. 수고 좀 해주지 않겠나?" 하고 말하는 것이 더 효과적이다.

윗사람이 이런 식으로 말하면 비록 그 말이 겉치레라는 생각이 들더라도 그 일을 순순히 받아들여 열심히 하게 될 것이다. 승인욕구를 자극하면 "나는 인정을 받고 있다"는 만족감에 도취되어 자기를 인정해 준 상사의 부탁을 기분 좋게 수용하게 되는 것이다.

이와 같은 승인욕구의 원리는 자녀교육에도 적용된다. 공부할 때나 체력단련을 할 때 "정말 잘 했어!" 하고 인정해 주면 그 아이는 부모에게 잘 보이려고 더욱 열심히 노력하게 될 것이다.

승인욕구는 사람들의 자존심과도 연결되어 있다. 그러므로 누군가에게 부탁을 하거나 설득을 할 때 자존심을 세워 주면 어렵고 까다로운 문제도 의외로 쉽게 해결되는 경우가 있다.

어떤 회사원은 거래처 사람과 업무협조를 해야 할 때, "어떻게 하면 효과적일까요?" "A방안으로 하는 게 좋을까요, 아니면 B방안이 더 나을까요?" 이런 식으로 질문한다고 한다.

이렇게 되면 상대방은 마치 결정권이 자신에게 있는 것처럼 느껴져서 자존심이 한껏 고조되게 된다. 그런 순간에 "이런 방법은 어떨까요?" 하고 의견을 내놓으면 상대방은 쉽게 동의하게 되고, 결국 이쪽의 말에 따르게 되는 것이다.

승인욕구를 자극하면 "나는 인정을 받고 있다"는 만족감에 도취되어 자기를 인정해 준 상사의 부탁을 기분 좋게 수용하게 되는 것이다.

| 에필로그 |

 인간이 살아가는 데 사랑이 없다면 어떻게 될까. 사랑은 인류를 유지하는 기본 조건이기도 하지만 성숙된 사랑은 인류를 더 행복하게 유지하는 기본 조건이다. 사랑이 없다면 감정 없이 행동하는 로봇과 다를 게 없을 것이다.
 문제는 성숙한 사랑이 무엇이며, 어떻게 할 수 있느냐 하는 것이다. 우리는 책을 통해 사랑에 앞서 필요한 연애의 기술에 대해 알아보았다. 물론 이 책을 한 번 읽는다 해서 모두 연애 고수가 되는 것은 아니다. 다만 사랑과 연애의 감정선 상에 놓여 있는 수많은 문제와 갈등에 익숙해지는 과정을 통해 실제 문제에 맞닥뜨렸을 때 당황하지 않고 자신 있게 대처하는 기술을 익히게 될 것이라는 점에 이 책의 저술 의미를 두고 싶다.
 간단히 요약해 보자면, 우리가 사랑하는 사람은 누구인지, 사랑해야 할 사람은 누구인지를 제대로 인지하는 것, 그리고 자신의 감정을 올바로 콘트롤하면서 성숙하게 이어가는 것이 연애를 하기 전 준비 자세라고 하고 싶다. 매순간 진실한 마음으로 상대를 대할 때 연애는 성공할 것이지만, 자신의 진심이 반드시 상대방에게 행복으로 다가오는 것이 아닐 수도 있다는 사실 또한 명심해야 한다.

그리고 또 하나 놓쳐서는 안 될 것이 남녀 간의 사랑에 못지않게 사회 생활을 하면서 피할 수 없는 수많은 관계에 대한 마음가짐이다. 이 책에서 저자는 그들과의 관계 역시 또 하나의 연애라고 규정했고 어떻게 유지해 나가야 하는지를 말했다.

모쪼록 이 책을 읽은 분들의 마음에 '연애 상대'에 대한 따뜻함이 자라나길 바란다. 비록 한 사람이 발하는 마음의 온기는 아주 작을지라도 그 온기가 퍼지고 번지면 그 효과는 이루 말할 수 없을 정도로 커질 것이라고 믿는다.